Nach dem Aufbau einer eigenen Flugzeugindustrie in der DDR mit den Zentren in Dresden, Schkeuditz, Pirna, Karl-Marx-Stadt (heute Chemnitz), Lommatzsch und Ludwigsfelde liefen die Produktion von Segelflugzeugen und der Nachbau des Passagierflugzeugs IL-14P an. Am 11. Oktober 1955 startete in Dresden der Prototyp der IL-14P. Gleichzeitig begann die Entwicklung des ersten deutschen TL-Verkehrsflugzeugs 152. Nach der Ausstellung zur Leipziger Frühjahrsmesse 1957 erhielt die Deutsche Lufthansa der DDR am 4. Juli 1957 die erste IL-14P aus Dresden, die DM-SAA, mit 26 Sitzplätzen. Damit begannen in der DDR der Flugbetrieb mit Flugzeugen aus eigener Produktion und die Auslieferung an ausländische Kunden. Ende 1957 verfügte der Verkehrsflug der DLH über zwölf IL-14P und ein Lufttaxi Aero 45.

Von der INTERFLUG zur LUFTHANSA AG

Die ostdeutsche Luftfahrtgeschichte in historischen Bildern

Für Reisen der deutschen Bundesregierung betrieb die Flugbereitschaft der Luftwaffe zwei A310-304 mit VIP-Ausstattung, die aus dem Bestand der ehemaligen DDR-Fluggesellschaft Interflug stammten. Sie waren im Juni bzw. Oktober 1989 ausgeliefert und im Mai 1991 von der Luftwaffe übernommen worden.

Klaus Breiler, Günter Krönert, Otto von Berg, Manfred Kretzschmar

Von der INTERFLUG zur LUFTHANSA AG

Die ostdeutsche Luftfahrtgeschichte in historischen Bildern

SUTTON ZEITREISE

Besatzungen der Fluggesellschaften KLM und Sabena mit ihrer DC-3 waren in Schönefeld und Leipzig-Mockau zu Hause. Hier werden sie gegrüßt und begleitet vom Bodenpersonal der DLH und Willi Rösler (rechts), dem Leiter des Flughafens.

Vorsatz: Dieses Luftbild nahm Manfred Kretzschmar 1996 am Tag des Flughafens in Berlin-Schönefeld auf. Tausende Besucher konnten sich hier über Flughafendienste und Flugzeuge rund um das ehemalige „Generalshotel" informieren und dort Urlaubsreisen buchen. Das Gebäude war für die sowjetische Generalität im Rahmen des Viermächtestatus von Berlin entstanden und wurde später von der DDR-Regierung genutzt. Später erfolgte der Abriss des Gebäudes.
Nachsatz: Das Interkontinentalstreckennetz der Interflug.

Impressum
Sutton Verlag GmbH
Hochheimer Straße 59
99094 Erfurt
www.suttonverlag.de

ISBN: 978-3-95400-970-1
Gestaltung und Herstellung: Markus Drapatz
Druck: Printer, Trento | Italien

Inhalt

In Memoriam

Dr. Joachim Grenzdörfer zum Lilienthal-Fest am 4. Juni 2016 in Derwitz mit einem Lilienthal-Gleiter.

Fernmelde-Ingenieur Dr. Joachim Grenzdörfer wurde am 19. April 1931 in Erfurt geboren. Nach seinem Studium der Verkehrswissenschaften an der TU Dresden und der Hochschule für Verkehrswesen Dresden sowie dem Diplom 1956 arbeitete er bei der Deutschen Lufthansa der DDR und der Interflug auf den Gebieten Betriebsorganisation, Wissenschaft und Technik.

Forschung und Entwicklung sowie Information und Dokumentation wurden nach seiner Promotion 1964 zum Dr. rer. oec. sein Spezialgebiet. Von 1985 bis 1991 war er Chefredakteur der von der Hauptverwaltung der Zivilen Luftfahrt der DDR herausgegebenen Fachzeitschrift „Technisch-ökonomische Information der Zivilen Luftfahrt" (TIZL). Ab 1991 gehörte er dem Luftfahrt-Presse-Club an. Als Mitglied des Redaktionsbeirates und Autor der Flieger-Jahrbücher des Transpress Verlages war er zuständig für die Rubrik „Aus dem Weltluftverkehr". Seine Mitarbeit im Autorenkollektiv des „Lexikons der Luftfahrt" und der Luftfahrtzeitschrift „FLIEGER-REVUE" wurde hoch geschätzt. Den Fachverband Luftfahrt der Kammer der Technik leitete er von 1964 bis 1992 als 1. Vorsitzender. Dr. Grenzdörfer war zudem Mitbegründer der Verkehrstechnischen Gesellschaft der DDR, die bis 1993 existierte.

Internationale Anerkennung fanden die von ihm initiierten 13 Fachtagungen Luftverkehr, die als einzige ihrer Art von 1964 bis 1991 als periodische wissenschaftliche Veranstaltungen mit internationaler Beteiligung in Osteuropa stattfanden. Er war einer der Initiatoren, die nach der Wiedervereinigung die wissenschaftlich-technischen Gesellschaften für Luft- und Raumfahrt der DDR und der BRD zur Deutschen Gesellschaft für Luft- und Raumfahrt – Lilienthal-Oberth e.V. (DGLR) organisatorisch und fachlich begleiteten. Als freier Luftfahrtjournalist, Zeitzeuge und Luftfahrthistoriker lebte er bis zu seinem Tod am 4. November 2017 in Berlin.

Auf der Basis eines Partnerschaftsvertrages der Interflug mit dem Tierpark im Zusammenhang mit Lufttransporten von Tieren organisierte er die Treffen der Interflugmitarbeiter in der Cafeteria des Tierparks jeweils im September, zum Gründungstag der Interflug. Die erste Zusammenkunft der von der Treuhand abgewickelten Besatzungen, Techniker und des Bodenpersonals fand am 10. September 2008 statt. Erinnerungen und Erfahrungen wurden ausgetauscht. Das Blasorchester der Interflug und die Organisatoren um Dr. Grenzdörfer sorgten für die kulturelle Umrahmung.

Zum 60. Gründungstag der Interflug am 10. September 2018 fehlt nun der Motor dieser Treffen. Wir danken unserem „Jochen" für seine Leistungen für die zivile Luftfahrt in Deutschland und sprechen seinen Angehörigen, speziell seinem Sohn Benjamin Sahling aus München, unser tiefes Mitgefühl aus.

Klaus Breiler — Otto von Berg
Günter Krönert — Manfred Kretzschmar

Dr. Joachim Grenzdörfer am 10. September 2008 zur Eröffnung des Freundschaftstreffens „50 Jahre Interflug" im Tierpark Berlin.

Vorbemerkungen

Der Erstflugbrief am 1. Februar 1956.

Letzte Luftpost aus der DDR vom 2. Oktober 1990.

Der Zeitraum, in dem Deutschland geteilt war, war durch unterschiedliche Entwicklungen im West- und Ostteil gekennzeichnet, ist aber zugleich im Ergebnis des Zweiten Weltkrieges gemeinsame Geschichte. Insofern sind auch die Geschichte der Fluggesellschaft Interflug und der DDR-Flugzeugindustrie sowie die Zusammenhänge zwischen der Militär- und Zivilluftfahrt der DDR ein Teil deutscher Luftfahrtgeschichte. Neue Wege der Verständigung wurden gefunden. Auf dem Gebiet der Militärluftfahrt entstand etwa 1992 die Gemeinschaft der Flieger deutscher Streitkräfte e.V. Ein Elitesoldat der DDR, ein Mig-29-Pilot, wurde zum Elitesoldaten der Bundesluftwaffe und zu einem der drei Vizepräsidenten des Vereins. Wir Autoren hatten gehofft, dass im Bereich der Zivilluftfahrt Ähnliches möglich wäre, zumal es von 1988 bis zum Beginn der Interflug-Liquidation am 2. Februar 1991 eine vertraglich fixierte Zusammenarbeit zwischen der Lufthansa AG und der Interflug GmbH gab. Am 1. Juli 1990 trat der Staatsvertrag über die Währungs-, Wirtschafts- und Sozialunion zwischen den beiden deutschen Staaten in Kraft. Was haben wir eingebracht in die deutsche Einheit? Unser Land, unsere Menschen, unsere geschaffenen Werte und unseren Fleiß, unsere Ausbildung und unser Improvisationstalent, aber auch unsere Sensibilität für soziale Gerechtigkeit und Solidarität sowie unsere persönlichen Entscheidungen zur Anpassung an oder zum Widerstand gegen das Gesellschaftsmodell Sozialismus.

Rudolf Braunburg, Flugkapitän der Lufthansa AG, schrieb 1992 das Buch „INTERFLUG – Die deutsche Fluggesellschaft jenseits der Mauer". Wir Autoren, als Flugkapitäne Zeitzeugen der deutschen Wiedervereinigung, ergänzen diese Publikation nun zum 60. Gründungstag. Als fliegendes Personal der Interflug-Betriebe Verkehrsflug, Agrarflug und Spezialflug haben wir uns dem Traum vom Fliegen entbehrungsreich gewidmet. Mit ihrem Idealismus und Aufbauwillen waren die Interflug-Betriebe Verkehrsflug, Agrarflug, Spezialflug, Flugsicherung und Flughäfen weltweit erfolgreich und anerkannt. Der Verkauf der Namensrechte und des Logos der Interflug 1993 an einen Reiseunternehmer in Hamburg durch die Treuhand war – so empfinden es zumindest viele – kein Beitrag zur deutschen Einheit.

Dieses Buch soll zur Aufarbeitung der Geschichte der Interflug beitragen, die vorhandene Literatur ergänzen und an die Leistungen der Menschen erinnern. Bei der Wiedervereinigung stand die Übernahme dieser Luftfahrtbetriebe im Fokus der Architekten der deutschen Einheit. Gesamtstaatliche Auffangstrategien, die auch die westdeutsche Wirtschaft für faire Sanierungen mit in die Pflicht genommen hätten, gab es nicht. Stattdessen wurden zahlreiche Menschen arbeitslos und mussten zwangsweise in den Vorruhestand versetzt werden.

Das vorliegende Buch beschreibt die ostdeutsche Luftfahrtgeschichte in historischen Fotografien bis zum Ende der Liquidationsphase der Interflug GmbH i.L. zum 30. Juni 2007. Das Informationsfreiheitsgesetz in der Fassung vom 5. September 2005 ermöglicht die auf sachlichen Argumenten fußende Bewertung der 16-jährigen Liquidationsphase der Fluggesellschaft, denn es

Letztflugbrief mit der A310.

gewährt jeder Person einen voraussetzungslosen Rechtsanspruch auf Zugang zu amtlichen Informationen von Bundesbehörden. Unter der Bestandssignatur „DM 104 INTERFLUG GmbH" konnten wir so das Bundesarchiv Berlin-Lichterfelde in der Finkensteinallee für unsere Recherchen nutzen.

Klaus Breiler — Otto von Berg
Günter Krönert — Manfred Kretzschmar

Das Europastreckennetz der Interflug.

Rückblick

Die drei Direktoren der Deutschen Luft Hansa Aktiengesellschaft: Otto Julius Merkel, Martin Wronsky und Erhard Milch.

6. Januar 1926, Berlin: Im Hotel „Kaiserhof" wird die Deutsche Luft Hansa Aktiengesellschaft (DLH AG) gegründet. Unter dem Druck des Adlers als Symbol des Deutschen Reiches, seiner Länder und ihrer Wirtschaft schlossen sich die Gesellschaften Aero Lloyd und Junkers Luftverkehr AG zu einer gesamtdeutschen Luftverkehrsgesellschaft zur Marktbereinigung und Beendigung des Konkurrenzkampfs zusammen. Der von Otto Firle entworfene Kranich war bereits das Markenzeichen der ersten deutschen Fluggesellschaft gewesen, der Deutschen Luft Reederei (DLR). Der Name „Luft Hansa" geht auf den Pressechef der Junkerswerke, F.A. von Poturzyn, zurück. Er war zugleich Herausgeber der Jahrbücher der Luftfahrt 1924 bis 1928 und zuvor Führer des Jagdgeschwaders Flandern der deutschen Seefliegerkräfte. Als Miterbe der Elbe-Werft in Roßlau bei Dessau

Adolf Hitler trifft den Lufthansa-Direktor Erhard Milch.

kam er mit Prof. Hugo Junkers in Verbindung.

Bereits am 6. April 1926 begann der planmäßige Flugverkehr der DLH. Die drei Gründungsdirektoren der Deutschen Luft Hansa (DLH – ab 1933 galt die Schreibweise Lufthansa) waren Otto Julius Merkel als kaufmännischer Direktor, Martin Wronsky als Direktor Verkehr der Fluggesellschaft Aero Lloyd und Erhard Milch als technischer Direktor der Junkers Luftverkehr AG, Berlin. Über die Bedeutung des Junkerskonzerns für die Weltluftfahrt und die Gründung der DLH gab es keinerlei Zweifel. In der Luftfahrtindustrie und im Luftverkehr in Europa und Übersee war Junkers zum Synonym für Innovationen und deutsche Wertarbeit geworden. In Dessau war 1925 das größte Flugzeugwerk der Welt mit 2.333 Arbeitern und 564 Angestellten ansässig. Die drei Direktoren waren nur für den Betriebsablauf zuständig. Grundsatzentscheidungen traf der Aufsichtsrat. Aufsichtsratsvorsitzender war Emil Georg von Strauss von der Deutschen Bank (DB). Die DB war mehr als ein Kontrollorgan der AG. Bei der Verwaltung und Geschäftsführung hatte sie ein absolutes Mitbestimmungsrecht.

Der Historiker Lutz Budrass, Mitbegründer des Arbeitskreises für kritische Unternehmens- und Industriegeschichte, zieht in seinem Buch „Adler und Kranich" das Fazit: „Das komplexe Geflecht staatlicher, militärischer und privatwirtschaftlicher Interessen prägte die Geburtsstunde der Lufthansa." Im Fokus der DLH standen bevorzugt der Südatlantik und Fernoststrecken, technisch und wirtschaftlich wenig erschlossene Gebiete, die nicht in Kolonialbesitz waren. Die erste staatliche Luftverkehrsgesellschaft in Deutschland war die 1921 gegründete „DERULUFT", eine Deutsch-Russische Luftverkehrsgesellschaft GmbH. Mit der Gründung der DLH wurde 1926 der Konzessionsvertrag mit der UdSSR bis 1931 verlängert. Das Stammkapital wurde erhöht, Verhandlungen über eine gemeinsame Ostasienlinie bis Irkutsk am Baikalsee folgten.

Im Sommer 1926 begann mit zwei Junkers G24 der erste Weltflug der Luft Hansa mit dem Personalleiter der Fluggesellschaft, Robert Knauss, von Berlin, Königsberg, Moskau und Irkutsk über die Mandschurei bis Peking. Aufgrund der politischen Lage dauerte der Aufenthalt in Irkutsk länger als geplant. Der Zwischenbericht des Expeditionsleiters lautete: „Die Leistungen der G24 und die Zusammenarbeit mit den Russen sind vielversprechend." Die Luft Hansa hatte bei ihrer Gründung u.a. 19 G24 in Betrieb (1927 nur noch acht G24). Im Auftrag von Milch erfolgte der Umbau dreimotoriger Flugzeuge zur einmotorigen F24 aus wirtschaftlichen Gründen. Für Junkers waren drei Motoren ein Beitrag zur Erhöhung der Flugsicherheit. Die Reichswehr wollte ein dreimotoriges Bombenflugzeug auch für ihre Pilotenausbildung besitzen. Dies führte 1925 zur Gründung der Deutschen Verkehrsfliegerschule in Berlin-Staaken. Kolonial- und rüstungspolitische Interessen im Sinne der „Wehrhaftmachung des deutschen Volkes" wurden zu einer Aufgabe der Lufthansa. Die Biografien der Lufthansa-Direktoren Erhard Milch und Martin Wronsky verdeutlichen das.

Erhard Milch (1892–1972)

Erhard Milch war 1926 Technischer Direktor der Lufthansa, 1933 bis 1945 Staatssekretär im Reichsluftfahrtministerium (RLM) und Generalinspekteur der Luftwaffe, ab 1940 Generalfeldmarschall und ab 1942 Aufsichtsratsvorsitzender und Präsident der DLH. Nach dem Selbstmord Udets wurde er Generalluftzeugmeister und herrschte über einen Industriekomplex mit etwa zwei Millionen Menschen. Dienstverpflichtete, Zwangsarbeiter und Kriegsgefangene wurden ebenfalls bei der Lufthansa eingesetzt. Die unter besonderem Geheimnisschutz stehenden Versuchsumbauten des Erprobungskommandos der Luftwaffe wurden der Lufthansa-Werkstatt Staaken übertragen. Der Anteil des Reiches am Stammkapital der LH AG stieg von 53 auf 70 Prozent. 1947 wurde Erhard Milch in den Nürnberger Kriegsverbrecherprozessen wegen Förderung der Zwangsarbeit und Ausbeutung in den NS-Flugzeugwerken zu lebenslanger Haft verurteilt. Am 31. Januar 1951 wurde er vorzeitig aus der Haft in Landsberg am Lech entlassen. Er zeigte als Industrieberater der Lufthansa die Zukunftsperspektiven nach dem Krieg auf.

In seiner 16. Ausgabe des Jahres 1957 schreibt der „Spiegel“: „Erhard Milch [...] war am letzten Mittwoch mit zahlreichen anderen Offizieren der alten Wehrmacht und der neuen Bundeswehr Ehrengast bei der feierlichen Übergabe des Flugplatzes Essen-Mühlheim an die Deutsche Versuchsanstalt für Luftfahrt.“

Martin Wronsky (1877–1946)

Martin Wronsky war ab 1919 Verkehrsleiter der Deutschen Luftreederei Berlin. Er organisierte die ersten Post- und Passagierflüge zur Weimarer Nationalversammlung und war ein Gründer der International Traffic Association (IATA) 1919 in Den Haag. Als Direktor Verkehr und 1926 Vorstandsmitglied der Deutschen Aero Lloyd galt er als eine Art „Außenminister“ der Lufthansa. Ab Mai 1945 organisierte er mit Erlaubnis der sowjetischen Kommandantur die Aufräumarbeiten in Tegel und Staaken und die Gründung der Hansa Werkstätten GmbH. Nach dem Wechsel der Kontrollhoheit von Tempelhof im Februar 1946 von der UdSSR an die USA beschlagnahmten die Amerikaner das Vermögen der Firma, die inzwischen 290 Mitarbeiter in Tempelhof beschäftigte. Der Selbstmord Wronskys am 12. Dezember 1946 war ein Rückschlag für die Berliner Hanseaten, die vorhatten, als Hansa Reise und Verkehr GmbH zu starten. Britische Airlines und speziell die Firma Scandinavian Airlines System (SAS), die 1950 in Westdeutschland bereits 16 Flugverbindungen zu ihren Heimatflughäfen in Schweden, Norwegen und Dänemark betrieben, waren auf dem lukrativen westdeutschen Luftverkehrsmarkt nicht erpicht auf einen deutschen Wettbewerber.

Durch gezielte und gekonnte Aktivitäten aus Politik und Wirtschaft in der BRD und der Schweiz kam es am 6. Januar 1953 zur Gründung der Aktiengesellschaft für Luftverkehrsbedarf (LUFTAG). Die Betriebsaufnahme der neuen Lufthansa, der Tag X, wurde mit der Bestellung von vier Convair CV-340, vier Lockheed „Super Constellation“ und zwei Saab „Safir“ als Ausbildungsflugzeuge vorbereitet. Mit der Ratifizierung der Pariser Verträge bekam die BRD am 5. Mai 1955 die Lufthoheit zurück.

Die JU 52 wurde ab 1934 als militärisches Mehrzweckflugzeug gebaut. Das Bild zeigt die enge Verbindung von Luftwaffe und Luft Hansa. Ab 1936 eingegliedert in die Legion Condor, wurden 13.500 marokkanische Kolonialsoldaten im spanischen Bürgerkrieg nach Spanien geflogen.

Die langfristig geplante 75-Jahr-Feier der Lufthansa am 6. Januar 2001 fiel aus, weil Überlebende des Holocaust mit Sammelklagen an die Öffentlichkeit gegangen waren. So war die nationalsozialistische Vergangenheit eines deutschen Großunternehmens bekannt geworden. 7.654 Zwangsarbeiter (Juni 1944) hatten für die Lufthansa geschuftet. Wie der sogenannte Wronsky-Bericht von Willy Hädrich beweist, hatte Martin Wronsky Kenntnis darüber gehabt. Es wurde schließlich festgelegt, dass die neue Lufthansa zwar einen gemeinsamen Namen besaß, aber keine gemeinsame Geschichte mit ihrer Vorgängerin. Die Gründer der zweiten Lufthansa AG, von denen die meisten auch die erste Lufthansa geprägt hatten, nannten nun als Unternehmensziel das Erwirtschaften eines Mehrwerts. 2005 feierte die Lufthansa statt der 75-Jahr-Feier den 50. Jahrestag des ersten Fluges nach dem Zweiten Weltkrieg.

DDR
DM-SBZ
...EUTSCHE LUFTHANSA

1.

Vom VEB Deutsche Lufthansa zur Interflug GmbH

◂ Am 4. Oktober 1956 fand der Erstflug nach Moskau mit dem Hauptdirektor der DLH, Arthur Pieck (in Uniform rechts), und seinem Stellvertreter, Direktor für Flugbetrieb, dem ehemaligen Junkers-Flugkapitän Fritz Horn (in Uniform links mit Handtasche), statt. Sie wurden in Diepensee, dem Südteil des Flughafens Berlin-Schönefeld, feierlich verabschiedet. Bei dieser Eröffnung des täglichen Flugverkehrs zwischen Berlin, Vilnius und Moskau in beide Richtungen wurden die ersten in Dresden gebauten IL-14P in Dienst gestellt. Die IL-14 DM-SBZ mit 18 Sitzplätzen hatte die DLH am 30. November 1955 aus sowjetischer Produktion erhalten.

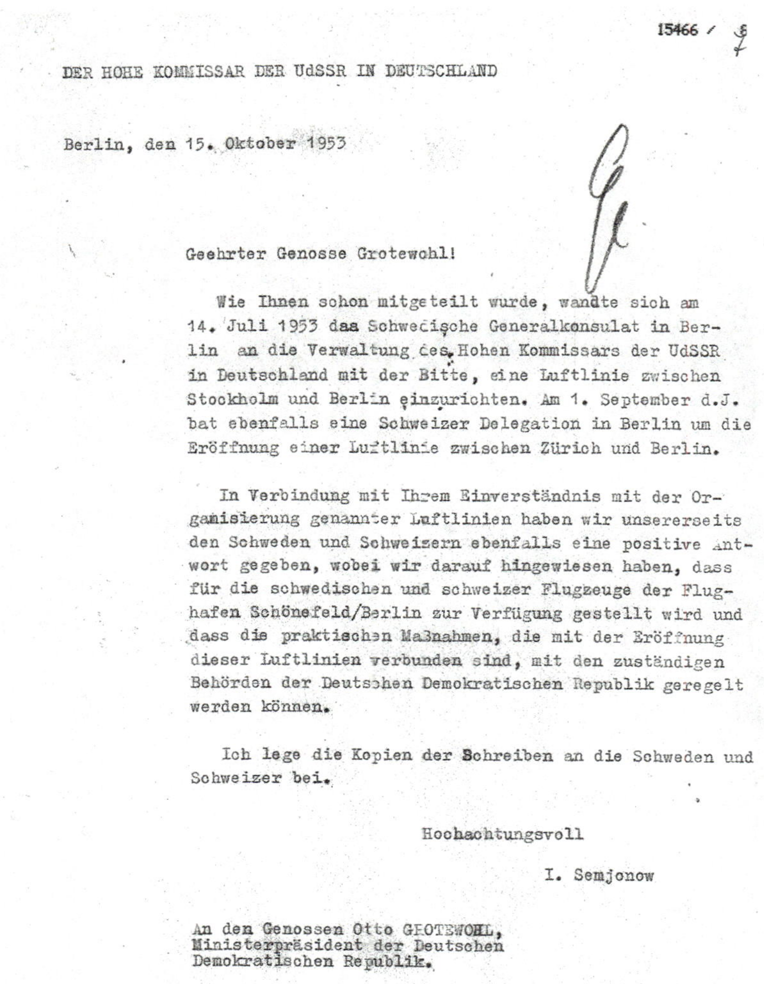

15466 /

DER HOHE KOMMISSAR DER UdSSR IN DEUTSCHLAND

Berlin, den 15. Oktober 1953

Geehrter Genosse Grotewohl!

Wie Ihnen schon mitgeteilt wurde, wandte sich am 14. Juli 1953 das Schwedische Generalkonsulat in Berlin an die Verwaltung des Hohen Kommissars der UdSSR in Deutschland mit der Bitte, eine Luftlinie zwischen Stockholm und Berlin einzurichten. Am 1. September d.J. bat ebenfalls eine Schweizer Delegation in Berlin um die Eröffnung einer Luftlinie zwischen Zürich und Berlin.

In Verbindung mit Ihrem Einverständnis mit der Organisierung genannter Luftlinien haben wir unsererseits den Schweden und Schweizern ebenfalls eine positive Antwort gegeben, wobei wir darauf hingewiesen haben, dass für die schwedischen und schweizer Flugzeuge der Flughafen Schönefeld/Berlin zur Verfügung gestellt wird und dass die praktischen Maßnahmen, die mit der Eröffnung dieser Luftlinien verbunden sind, mit den zuständigen Behörden der Deutschen Demokratischen Republik geregelt werden können.

Ich lege die Kopien der Schreiben an die Schweden und Schweizer bei.

Hochachtungsvoll

I. Semjonow

An den Genossen Otto GROTEWOHL,
Ministerpräsident der Deutschen
Demokratischen Republik.

Dieser Brief vom 15. Oktober 1953 gilt als erste Anregung zum Wiederaufbau der ostdeutschen Verkehrsluftfahrt.

Die Warenzeichenurkunde vom 17. März 1956.

Die Wiederaufnahme des Luftverkehrs in der Sowjetischen Besatzungszone (SBZ) begann mit einer Anfrage des Schwedischen Generalkonsulats in Berlin am 14. Juli 1953 an die Verwaltung des Hohen Kommissars der UdSSR in Deutschland. Der Bitte um Einrichtung einer Fluglinie zwischen Stockholm und Berlin-Schönefeld wurde entsprochen und die praktischen Maßnahmen wurden dem Ministerpräsidenten der DDR übertragen (siehe Kopie des Schreibens vom 15. Oktober 1953).

Die zivile Luftfahrt in der DDR begann mit der Entwicklung des Flugzeugbaus. Im Gegensatz zur Lufthansa AG der BRD konnten wir keine geeigneten Flugzeuge im Ausland bestellen. Als sich etwa 1952 abzeichnete, dass die etwa 2.000 zwangsverpflichteten Experten der deutschen Flugzeugindustrie aus der UdSSR entlassen werden, begannen auf dem militärischen Sperrgebiet der Feste Sonnenstein in Pirna die Vorbereitungen für den Aufbau einer eigenen Flugzeugindustrie. Da noch das Kontrollratsgesetz Nr. 25 (Verbot des Baus von Flugzeugen) galt, waren Geheimhaltungsbemühungen für die Standortwahl vonnöten. Die bewährten Industriezentren von Mitteldeutschland um Dessau, Köthen, Bernburg und Halle lagen unter den Luftkorridoren der Alliierten und waren deshalb nicht geeignet. Standorte des DDR-Flugzeugbaus wurden neben dem VEB Flugzeugwerke Dresden (FWD) das Entwicklungswerk für Flugzeuggasturbinen in Pirna, das Serienwerk für Strahlturbinen in Ludwigsfelde (IWF), das Serienwerk für Kolbentriebwerke, Luftschrauben und Fahrwerke in Chemnitz, das Werk für Ausrüstungen und Reparaturen in Schkeuditz (MAB) und das Werk für Segelflugzeugbau in Lommatzsch. Am 13. März 1955 übernahmen die zuständigen DDR-Behörden den Flugplatz Dresden-Klotzsche. Eine intensive Auf- und Ausbauphase folgte. Die erste fertige Flugzeughalle (Halle 222) mit der Abmessung 170 x 120 x 25 Meter war zu dieser Zeit die größte freitragende Halle Europas. Die ungewöhnliche Breite der Piste von 80 Metern (normal sind 45–60 Meter) und die hohe Belastbarkeit (45 Tonnen Einzelradlast) entsprachen den zu erwartenden Flugerprobungsaufgaben. Was folgte, war mehr als ein Versuch, die Luftfahrtindustrie aufzubauen. Es ging um Idealismus, Hoffnungen, Wünsche und Enttäuschungen der Beteiligten und der künftigen Nutzer, zu denen auch Interflug gehörte. Die Zeit bis 1956 kann man als Aufbauphase der zivilen Luftfahrt der DDR bezeichnen, denn die Gründung des VEB Deutsche Lufthansa war zunächst eine Absichtserklärung, die in seinem Statut vom 27. Februar 1956 als Gesetzblatt veröffentlicht wurde.

Die Ausgangssituation bestand darin, dass es keinen Heimatflughafen, keine Flugzeuge und kein ausgebildetes Personal gab. Im Mittelpunkt standen Menschen, die die Voraussetzungen für einen selbstständigen und regelmäßigen Flugbetrieb schufen. Das wichtigste Auswahlkriterium war die fachliche Kompetenz. Das Bekenntnis, als Aufbauhelfer bei der zivilen Luftfahrt der DDR mitzuarbeiten, war selbstverständlich und entsprach dem Zeitgeist.

Mit der Namenswahl „Deutsche Lufthansa“ hatte die DDR-Führung einen folgenschweren Fehler begangen. Ohne Beachtung der Geschichte und Rechtslage existierten nun zwei deutsche Fluggesellschaften mit dem gleichen Namen und Kranich-Symbol.

Die DM-SAE wurde am 23. November 1957 in Dresden an die DLH übergeben. Man sieht sie hier in ihrer Erstbemalung. Am 19. Januar 1966 wurde dieses Flugzeug an die Luftstreitkräfte Syriens verkauft.

Am 8. September 1958 erfolgte die Gründung der Interflug als zweite Luftverkehrsgesellschaft der DDR für Flüge ins westliche Ausland. Die Gründung war ein Ergebnis des Alleinvertretungsanspruchs der BRD im international geführten Warenzeichenprozess. Hier sieht man die Erstbemalung der Interflug. Zum 60. Gründungstag im September 2018 ist wieder ein Freundschaftstreffen der ehemaligen Mitarbeiter geplant.

Nachbau des sowjetischen Verkehrsflugzeugs IL-14.

Nachdem der Rechtsstreit internationale Dimensionen angenommen hatte, wurde am 18. September 1958 die Interflug GmbH als zweite Fluggesellschaft der DDR für Flüge ins westliche Ausland gegründet.

Die ersten von 80 in Dresden und weiteren Zulieferbetrieben als Nachbau (nicht als Lizenzbau) hergestellten IL-14P erhielten die Armee (NVA) und die Deutsche Lufthansa (DLH) der DDR. Als Home Base durften wir Diepensee, den Südteil des Flughafens Berlin-Schönefeld, nutzen.

Am 13. März 1957 flog Gerhard Fries als erster DDR-Kommandant mit seiner Besatzung den Linienflug Berlin–Vilnius–Moskau. Die an der höheren Fliegerschule in Uljanowsk ausgebildeten Besatzungen übernahmen nun den Flugbetrieb. Zeitgleich entstand die Abteilung Wirtschaftsflug. Die zivile Luftfahrt sollte der Volkswirtschaft und der

Die DM-SBF war eine IL-14 aus sowjetischer Produktion. Am 13. November 1955 geliefert, wurde sie 1964 an die Luftstreitkräfte Ägyptens verkauft.

Bevölkerung dienen. Das war das erklärte Ziel, formuliert im Statut der Deutschen Lufthansa der DDR. Vorausschauend wurde eine Arbeitsgruppe „Flugzeugeinsatz" bei der Akademie der Landwirtschaftswissenschaften zu Berlin, Sektion Landtechnik, gebildet. Unter Leitung von Prof. Dr.-Ing. F. Baltin wurden 1956 mit einer K-65 (Lizenzbau des Fieseler Storch Fi 156) und einer Besatzung der Agrolet aus der ČSR die ersten Versuchsflüge durchgeführt.

Am 20. März 1957 wurde in der Abteilung Wirtschaftsflug in Wesendahl bei Strausberg der Flugzeugtyp L-60 eingesetzt, ein Mehrzweckflugzeug aus der ČSR. Auf 180 Hektar Wintergetreide wurde Stickstoff in der Arbeitsart Streuen ausgebracht. Die Arbeitsarten Stäuben, Streuen, Sprühen und Spritzen für die Land- und Forstwirtschaft sowie Flugaufträge für Rundfunk und Fernsehen (Friedensfahrt), die Kommunen (Rundflüge bei Volksfesten) und das Gesundheitswesen (Keuchhustenflüge für Kinder) waren Aufgaben der Wirtschaftsflieger. Ab 1959 begann der Einsatz von Hubschraubern für die ständig wachsende Zahl an Aufträgen.

Am 28. Februar 1961 kam das Aus für die gesamte Flugzeugindustrie durch einen Beschluss des Politbüros der SED. Er entsprach der entstandenen Situation im Verkehrsflugzeugbau. Hervorgerufen durch die ungenügende internationale Zusammenarbeit im Rat für gegenseitige Wirtschaftshilfe (RGW) waren die erwarteten wirtschaftspolitischen Erfolge ausgeblieben. Es folgte eine angewiesene Verschrottungsaktion. Für die Flugzeugbauer eine unverständliche Entscheidung. Das erste Serienflugzeug, die für die DLH bestimmte DM-SCA, war fast fertig. Es verfügte bereits über die vom späteren Interflugkapitän Fred Drews, damals Testpilot

Die DM-SAE in der Zweitbemalung. Im Oktober 1959 wurde das DDR-Emblem Hammer-Zirkel-Ährenkranz in die Flagge der DDR eingeführt. Schrittweise erfolgte die Anbringung auch an den Luftfahrzeugen der DDR.

Reger Flugbetrieb am traditionsreichen Messeflughafen Leipzig-Mockau. Nach dem Sonderflugverkehr zur Messe wurde am 16. Juni 1957 der DDR-Inlandflugverkehr aufgenommen. Dies entsprach zu dieser Zeit den Bedürfnissen der Bevölkerung.

Diese Postkarte der DLH zeigt die geplante Flottenentwicklung. Stattdessen wurde am 3. April 1960 die erste IL-18, am 1. Oktober 1968 das erste Strahlflugzeug TU-134 und am 21. April 1970 der erste Interkontinentaljet IL-62 in Dienst gestellt.

in Dresden, mit der IL-28R getesteten Serientriebwerke mit je 3.150 kp Schub, eine komfortable Kabine mit 57 Sitzen und zwei Toiletten, eine verbesserte Landeklappen- und Hydraulikanlage und eine um drei Tonnen erhöhte Startmasse.

Die beiden DDR-Fluggesellschaften Deutsche Lufthansa und Interflug mussten mit der Liquidierung der Flugzeugindustrie ihre Flottenpolitik ändern. Die zweite Serienmaschine, die DM-SCB, war für die Regierungsstaffel bestimmt. Mit den Serientriebwerken mit 3.300 kp Schub hatte sie am 17. März 1961 einen Fertigungsstand von 95 Prozent. Die Einstellung des Segelflugzeugbaus 1962 und die Auflösung der Fakultät für Luftfahrt an der TH Dresden folgten. Aus dem Flugzeugwerk Dresden wurde die Flugzeugwerft Dresden (FWD). Alle Zulieferbetriebe mussten ihre Produktion umstellen. Das geschah ohne Verlust an Arbeitsplätzen. Der Chefkonstrukteur der „152“, Fritz Freytag (1910–1977), verließ 1960 nach Feststellung von Mängeln an der 152V4 fluchtartig die DDR und wurde leitender Mitarbeiter bei Weser-Flugzeugbau am Militärtransporter „Transall“. Das Aus vor der Schließung der Grenze war eine Aufforderung zum Handeln. Fachkräfte verabschiedeten sich in Richtung BRD, so der Pilot G. Puhlmann, der dann bei Boeing, USA, weitermachte. Nach dem Bau der Mauer am 13. August 1961 wurden Flugzeuge zum

Am 14. März 1960 verließ das Verkehrsflugzeug 152 V4 als Basisvariante für die Serienfertigung die Montagehalle. Im Hintergrund sieht man drei abholbereite IL-14P für Rumänien und Bulgarien. Am 26. August 1960 starteten um 11.22 Uhr die Piloten Heinz Lehmann, Gerhard Güttel und Bordingenieur Bernhard Jendrusch zum Erstflug und am 4. September 1960 zum zweiten Testflug.

begehrten Fluchtmittel. Besonders betroffen waren die autonom arbeitenden Agrarflieger. Sabotageakte folgten.

Am 1. September 1963 wurde die Bevölkerung über Folgendes informiert: „Wie die Pressestelle des Ministeriums für Verkehrswesen mitteilt, wird mit Wirkung vom 1. September 1963 die Interflug-Gesellschaft für internationalen Flugverkehr mbH der DDR den gesamten Flugverkehr auf den Luftverkehrslinien der DDR übernehmen. Damit wird die Interflug, die in der Vergangenheit ausschließlich für den Bedarfsflugverkehr eingesetzt war, auch alle bisherigen von der Deutschen Lufthansa wahrgenommenen Luftverkehrsaufgaben und Luftfahrtdienste ausführen. Die Deutsche Lufthansa stellt ihren Betrieb ein. Mit der Wahrnehmung der gesamten Luftverkehrsaufgaben der DDR durch die Interflug wird auch eine äußerliche Unterscheidung gegenüber der westdeutschen Lufthansa AG zum Ausdruck gebracht, die in immer stärkerem Maße in die revanchistische und expansionistische Politik des Bonner Staates einbezogen wird."

2.

Der Zentralflughafen Berlin-Schönefeld

◂ Der Hangar entsteht als bisher größte Spannbetonkonstruktion. Das Ziehen der Spannseile war eine schwere Arbeit.

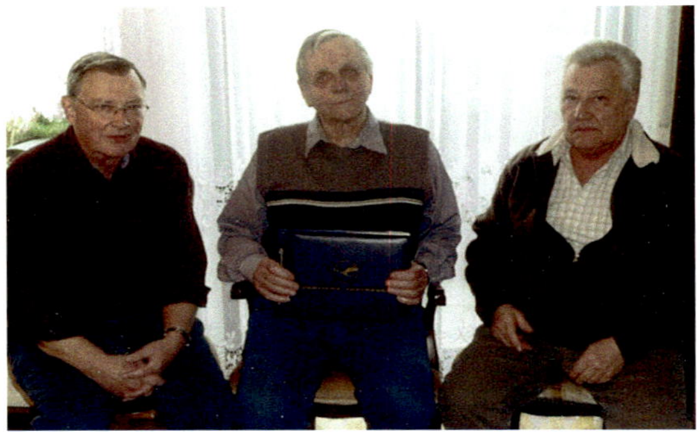

Der Aufbauleiter des Flughafens (Mitte) im Interview mit dem Stellvertreter des Ministers für Bauwesen der DDR (links) und dem Autor Klaus Breiler (rechts) im Jahr 2009.

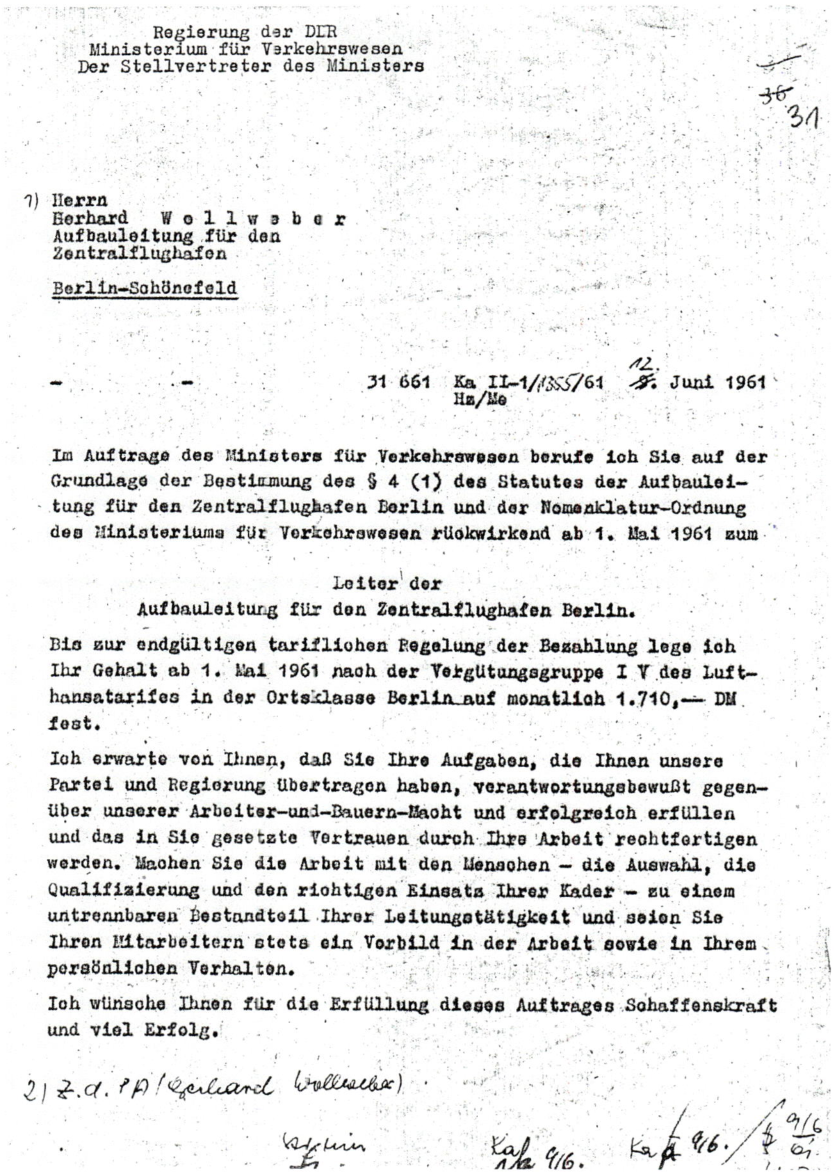

Regierung der DDR
Ministerium für Verkehrswesen
Der Stellvertreter des Ministers

31

1) Herrn
Gerhard Wollweber
Aufbauleitung für den
Zentralflughafen

Berlin-Schönefeld

31 661 Ka II-1/1355/61 Hz/Me 12. Juni 1961

Im Auftrage des Ministers für Verkehrswesen berufe ich Sie auf der Grundlage der Bestimmung des § 4 (1) des Statutes der Aufbauleitung für den Zentralflughafen Berlin und der Nomenklatur-Ordnung des Ministeriums für Verkehrswesen rückwirkend ab 1. Mai 1961 zum

Leiter der
Aufbauleitung für den Zentralflughafen Berlin.

Bis zur endgültigen tariflichen Regelung der Bezahlung lege ich Ihr Gehalt ab 1. Mai 1961 nach der Vergütungsgruppe I V des Lufthansatarifes in der Ortsklasse Berlin auf monatlich 1.710,— DM fest.

Ich erwarte von Ihnen, daß Sie Ihre Aufgaben, die Ihnen unsere Partei und Regierung übertragen haben, verantwortungsbewußt gegenüber unserer Arbeiter-und-Bauern-Macht und erfolgreich erfüllen und das in Sie gesetzte Vertrauen durch Ihre Arbeit rechtfertigen werden. Machen Sie die Arbeit mit den Menschen – die Auswahl, die Qualifizierung und den richtigen Einsatz Ihrer Kader – zu einem untrennbaren Bestandteil Ihrer Leitungstätigkeit und seien Sie Ihren Mitarbeitern stets ein Vorbild in der Arbeit sowie in Ihrem persönlichen Verhalten.

Ich wünsche Ihnen für die Erfüllung dieses Auftrages Schaffenskraft und viel Erfolg.

2) z.d. PA (Gerhard Wollweber)

Gerhard Wollwebers Berufung zum Aufbauleiter.

Um mehr über die erste Aufbaustufe des Flughafens Berlin-Schönefeld zu erfahren, führte der Autor Klaus Breiler gemeinsam mit Erich Haak, einem kompetenten Vertreter des Ministeriums für Bauwesen der DDR, 2009 ein aufschlussreiches Interview mit Gerhard Wollweber (1927–2012). Seit 1956 Bauleiter der Deutschen Lufthansa, wurde er ab 1. Mai 1961 zum Leiter der Aufbauleitung für den Zentralflughafen Berlin-Schönefeld berufen.

Der Bau einer 3.000 Meter langen Piste für die zu erwartenden Flugzeuge mit Düsentriebwerken, eines Hangars für die „152“ sowie technischer Ver- und Entsorgungsleitungen sollte 1962 abgeschlossen sein. Für den reibungslosen Bauablauf wurde eine leistungsfähige materiell-technische Basis geschaffen, so z.B. eine Betonmischstation mit einer Tagesleistung von 700 Kubikmeter hochwertigem Beton. Bis zu 60 Eisenbahnwaggons transportierten täglich die benötigten Baumaterialien Kies, Splitt und Zement. Die Bauarbeiten mussten bei laufendem Flugbetrieb durchgeführt werden, denn 1959 wurden in Schönefeld bereits 22.091 Flugbewegungen registriert. Deshalb musste die bestehende Rollbahn (zur 2.000 Meter langen Piste der Aeroflot im Nordteil des Flughafens Schönefeld) für die Loren mit der Betonmischung untertunnelt werden. So entstand die neue Piste, die heute noch als Nordbahn des BER genutzt wird.

Der Bauleiter, Herr Wollweber, verriet uns etwas zum Aufbau der „Düsenpiste“: Auf einem Kieskoffer von 40 Zentimetern wurde eine 30 Zentimeter dicke Betonschicht aufgetragen, die im Aufsetzbereich der Flugzeuge auf 36 Zentimeter verstärkt wurde. Für Startabbrüche erhielt die 3.000-Meter-Piste jeweils eine 300-Meter-Stoppfläche. Heute wird diese Piste als Nordbahn mit 3.600 Metern angegeben.

Der Baustart am 1. November 1958 mit der Planierraupe S100 aus der UdSSR.

Dem Zeitgeist entsprechend, engagierte sich die Jugend als Erbauer der ersten Aufbaustufe. Die Inbetriebnahme der 3.000-Meter-Piste erfolgte am 16. Juli 1961, die des Hangars am 30. Juli 1963. Er war der damals größte Spannbeton-Hangar Europas. Hinter dem 140 Meter breiten und 65 Meter tiefen Hangar entstanden Werkstätten und sanitäre Einrichtungen. Der gesamte Hangar erhielt eine Fußbodenheizung. Acht IL-14 oder vier IL-18 oder fünf TU-104 bzw. 152 konnten hier technisch gewartet werden. Die Innenabmessungen betragen 136 Meter Breite, 46 Meter Tiefe (bis zur mittleren Rückwand) und 15 Meter Höhe. Unter den Begriffen „Mach-Mit-Bewegung" und „Neuererarbeit" wurden freiwillige Leistungen vollbracht. Mitarbeiter der Interflug schufen ihre Arbeitsräume, Arbeitsmittel und Anlagen also selbst, zum Teil durch unbezahlte Arbeit für ihre Fluggesellschaft. Die Mitarbeiter aller DDR-Flughäfen und der Stützpunkte des Wirtschaftsfluges erbrachten ähnliche Verdienste. Auch daraus erklärt sich das Zusammengehörigkeitsgefühl der etwa 8.000 Mitarbeiter der Interflug bis heute.

Beim Interview mit Dipl.-Ing. Wollweber verwies er auf seine enge Zusammenarbeit mit dem damaligen Minister für Aufbau, Dr. Ernst Scholz, und dem Chefarchitekten, Ernst Haas. Vor allem war es die enorme Gemeinschaftsleistung zahlreicher Gewerke und Menschen, die zum erfolgreichen Abschluss der ersten und schwierigsten Ausbaustufe von Schönefeld und der Interflug führte. Gerhard Wollweber zeigte historisch einmalige Bilder aus seinem Fotoalbum, das er als Geschenk von der Deutschen Lufthansa der DDR erhalten hatte.

Am 15. März 1955 war über die gemeinsame Nutzung des Flughafens Schönefeld durch die DDR und die UdSSR erstmalig verhandelt worden. Am 10. März 1958 war die Übergabe des Flugplatzes Schönefeld an die DDR nach

Der Bau der Fundamente für den Hangar in Diepensee, dem Südteil des Flughafens Schönefeld, den die DLH/IF nutzen durften.

Die neue Piste entstand bei laufendem Flugbetrieb. Hier sieht man den Start einer IL-18.

zähen Verhandlungen verbindlich geregelt. Am 13. Juli 1962 wurde die erste Aufbaustufe mit der Übergabe der Abfertigungsgebäude im Nordteil des Flughafens abgeschlossen. Der Umzug in den Nordteil wurde durch die Forderung der Sowjets nach einem Ersatzflughafen verzögert. Obwohl sie in Brand bereits einen Flugplatz mit zwei Pisten für Auslands- und Transportflüge unterhielten und mit dem Militärflugplatz Jüterbog ein geeigneter Standort vorhanden war, verlangten sie einen Ersatzflughafen in Sperenberg. Dieser Neubau kostete die DDR viel Geld und Zeit. Erst nach Abzug der sowjetischen Truppen konnte 1974 endlich mit dem Bau der neuen Passagierabfertigung (NPA) in Schönefeld begonnen werden.

Der Unterbeton für die Düsenpiste – ein Begriff der Presse für die längste Piste Berlins. Es ist die heutige Nordbahn des BER.

Der Hangarbau macht Fortschritte.

Radsportweltmeister Täve Schur und seine Familie beim Rundflug mit dem Lufttaxi. Flugkapitän war Hans Merkel.

Am 20. Juli 1962 wurde die erste Aufbaustufe mit dem Umzug von Diepensee nach Schönefeld zur ersten Abfertigung als Übergangslösung abgeschlossen.

Abflug · Отбытие · Departure

3.

Bau der neuen Passagierabfertigung (NPA) in Berlin-Schönefeld

◂ Der Generaldirektor der Interflug, Kurt Dietrich, meldet am 1. Juni 1976 als Bauherr dem Minister für Verkehrswesen, Otto Arndt, die Fertigstellung der neuen Passagierabfertigung (NPA). Im Frühjahr 1974 war mit dem Bau begonnen worden, bei dem auch die beliebte Besucherplattform mit Restaurant entstand.

Grundsteinlegung der neuen Passagierabfertigung durch Generaldirektor Kurt Dittrich.

Nach den Bauarbeiten am neuen Vorfeld für zwölf neue Standplätze für TU-134 und IL-62 fand der Bau der neuen Passagierabfertigung (NPA) am Flughafen Berlin-Schönefeld von Frühjahr 1974 bis 1. Juni 1976 statt.

1974 war das Jahr des Baubeginns für die NPA.

Der Bau der Rolltreppen im Jahr 1975.

Am 1. Juni 1976 eröffnete Verkehrsminister Arndt die neue Passagierabfertigung.

Das Blasorchester der Interflug bei der Einweihung auf der Besucherplattform 1976 in Schönefeld.

Interessierte Zuschauer beobachteten den Flugbetrieb aus nächster Nähe. Hier die 1984 in Dienst gestellte IL-62M DDR-SEO, die 1991 an Aeroflot verkauft wurde.

1984 erhielt die NPA diesen Erweiterungsbau. Es war ein Kaufhallen-Typenbau zur Abfertigung der türkischen Gastarbeiter Westberlins, die über den Grenzübergang Rudow ohne Zoll- und Grenzabfertigung nach Istanbul transportiert wurden. Dies stellte ein Sicherheitsrisiko für die Besatzungen dar.

Die Ein- und Ausreise für Fluggäste.

FLUGHAFEN BARTH

4.

Der Flugbetrieb der Airline Interflug

◂ Der Flughafen Barth wurde bis 1975 als Verkehrslandeplatz für die Urlaubsfluglinien von Berlin, Dresden, Erfurt und Leipzig genutzt. Flugzeuge des Typs AN-24 (48 Sitzplätze, 450 km/h) hatten 1966 die in der DDR gebauten IL-14P (26 bis 32 Sitzplätze, 320 km/h) abgelöst.

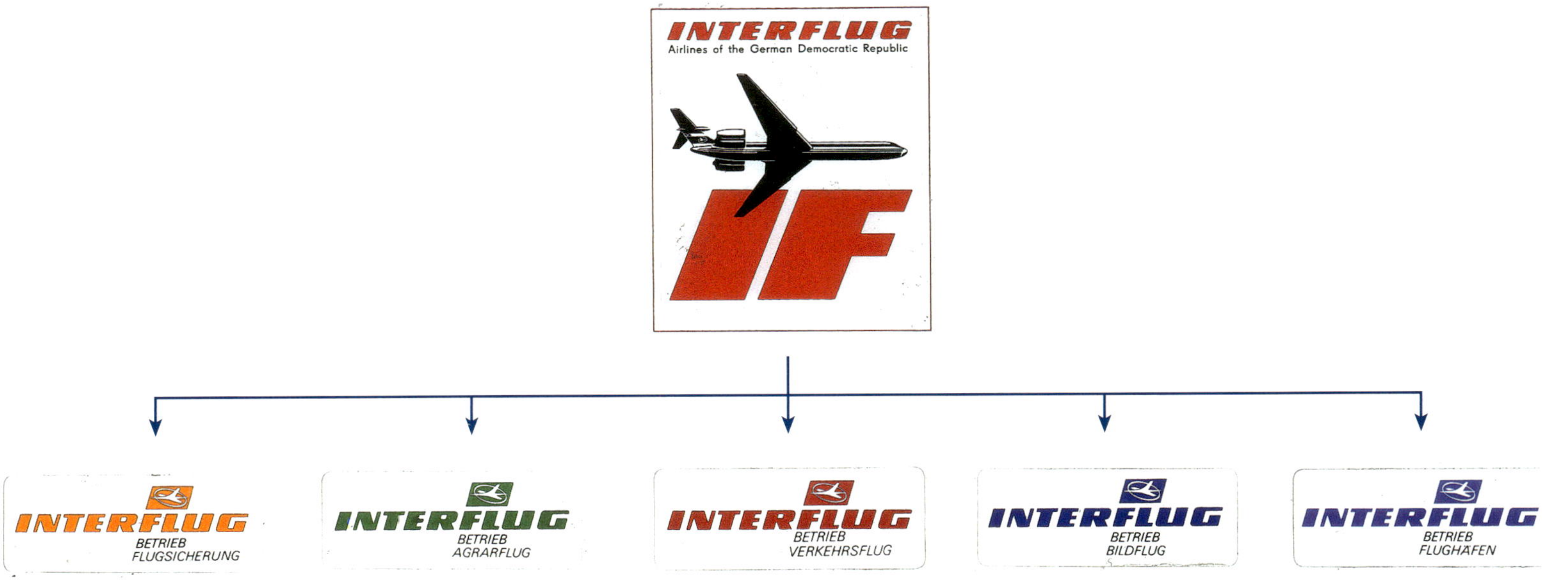

Am 1. Mai 1978 wurde die neue Wirtschafts- und Leitungsorganisation der Interflug mit den Betrieben Verkehrsflug, Agrarflug, Bildflug, Flughäfen, Flugsicherung und dem Führungsstab des Generaldirektors eingeführt.

Die Bemühungen um eine kontinuierliche Entwicklung des Verkehrsfluges wurden seit Bestehen der Interflug vom Fehlen geeigneter Flugzeugtypen für Kurz-, Mittel- und Langstrecken beeinflusst. Das Jet-Zeitalter hatte begonnen, der erste deutsche Passagierjet aus Dresden endete als wirtschaftspolitische Tragödie und im westlichen Ausland war die Embargoliste, bekannt als Cocom-Liste, wirksam. Die Abhängigkeit von den begrenzten Möglichkeiten und dem Wohlwollen des „großen Bruders" UdSSR, seine Orientierung auf die Raumfahrt und auf Prestigeentwicklungen wie das Mach-2-Flugzeug TU-144 oder den größten Hubschrauber der Welt, den W 12, führten zur Stagnation ihrer zivilen Luftfahrtindustrie. Diese Unfreiheit im RGW führte mit Beginn des Jahres 1965 bei Flugzeugkäufen zu Preissteigerungen von über 30 Prozent.

Das erste Strahlflugzeug, eine TU-134, erhielt die Interflug am 1. Oktober 1968. Sie verteuerte sich von 6 auf 9,4 Millionen MDN. Der Preis für eine IL-62 stieg von 20 auf 28 Millionen MDN. Diese Unwägbarkeiten in der Flottenentwicklung führten zu einer zeitweise chaotischen und kostenintensiven fliegerischen Aus- und Weiterbildung. 1960 waren 27 IL-14P und 2 IL-18 im Bestand. 1969 waren es zwölf IL-18, sechs AN-24 als Ablösetyp für die IL-14P und vier TU-134. Am 22. April 1970 landete die erste IL-62 (DM-SEA) und am 2. Juni 1970 die DM-SEB in Schönefeld. Damit begann der Interkontinentalverkehr mit Strahlflugzeugen bei der IF.

Mit der neuen Ostpolitik der Bundesregierung unter Willi Brandt und der Aufnahme der DDR und BRD als 133. und 134. Mitglied der Vereinten Nationen am 18. Dezember 1973 ergaben sich neue Möglichkeiten für den

Das erste Strahlflugzeug, eine TU-134, erhielt die Interflug am 1. Oktober 1968. Das Jet-Zeitalter beginnt verspätet.

Empfang des UNO-Generalsekretärs Kurt Waldheim durch Außenminister Oskar Fischer 1979 in Schönefeld.

Am 1. Oktober 1980 wurde die erste IL-62M in Dienst gestellt. Das ist ihr Cockpit.

Start der IL-62.

Luftverkehr. Was blieb, war die Fortsetzung des Turboprobzeitalters mit der IL-18 bis zur Liquidation der Interflug. So wurden die Nah- und Fernoststrecken mit der IL-18 eröffnet. Auch die Solidaritäts-, Fracht- und Hilfsflüge wurden vorwiegend mit der IL-18 durchgeführt. Mit 100 Sitzplätzen auch auf hochfrequentierten Kurz- und Mittelstrecken war sie das Universalflugzeug der Interflug, häufig auch für Ausbildungsflüge für Piloten, Navigatoren und Bordingenieure.

Beim gemeinsamen Einsatz der IL-18 und der Transall der Bundesluftwaffe 1984 bis 1985 im Rahmen der UNO-Mission „Dürrehilfe für Äthiopien" wurde der technologische Rück- bzw. Stillstand speziell im sowjetischen Triebwerksbau deutlich. Zur Kosteneinsparung wurde die Auslassung der Bordfunktion des Funkers erstmalig von der Interflug praktiziert.

Am 16. November 1974 wurde die Linie Berlin–Havanna eröffnet. Ab 10. April 1980 wurde der DDR-Inlandsflugverkehr eingestellt. Hintergrund war auch die fortgeschrittene Elektrifizierung der Bahnstrecken durch die hervorragende fliegerische Arbeit der Hubschrauberbesatzungen der Interflug. Ab 1981 erfolgte die Umregistrierung aller zivilen Luftfahrzeuge von DM zurück auf DDR.

Am 7. Juni 1988 bestellte die Interflug bei Airbus Industrie drei A310-304 für Nonstopflüge nach Havanna und Mexiko. Mithilfe

Alte und neue Technik der Interflug am Flughafen Berlin-Schönefeld.

Weitere Zivilflughäfen wurden ausgebaut

Den Flughäfen obliegt die schnelle und sichere Abfertigung von Passagieren, Gepäck, Fracht, Post und Flugzeuge aller am Luftverkehr beteiligten Luftverkehrsunternehmen. Weitere Aufgaben sind die Gewährleistung einer ständigen Einsatzbereitschaft und Betriebsfähigkeit der Flughäfen entsprechend dem international veröffentlichten Luftfahrthandbuch der DDR.
Mit dem Aufbau des Luftverkehrs der DDR wurden kurzfristig Verkehrsflughäfen in Berlin- Schönefeld, Barth (Rostock/Stralsund), Dresden, Erfurt, Leipzig-Mockau und Leipzig- Schkeuditz geschaffen. Der Ausbau der Flughäfen erfolgte auch in Zusammenhang mit dem Inlandflugverkehr (Eröffnung am 16.Juni 1957) und den Sonderflugverkehr zu den Leipziger Messen der seit 1919 zur Tradition des deutschen Luftverkehrs gehört. Nach Ausbau eines Flugplatzes mit beengten Platzverhältnissen in Karl-Marx-Stadt (Chemnitz) wurde dieses Industriezentrum von 1958 bis 1962 von der DLH (bis zur Einrichtung von Städteschnellverkehrsverbindungen der Deutschen Reichsbahn) im Zubringer- und Rundflugverkehr bedient. In der Sommersaison wurden zusätzliche Urlauberfluglinien von Berlin, Dresden und Leipzig nach Barth und seit Mai 1962 auch zum ausgebauten Verkehrslandeplatz in Heringsdorf (Insel Usedom) durchgeführt. Von Oktober 1963 bis Mai 1964 wurde am Traditionsflughafen Leipzig- Mockau die Piste auf 1500m verlängert. Durch die Autobahn, Eisenbahn und Bebauung war die Entwicklungsgrenze des Platzes erreicht. Bereits zur Frühjahrsmesse 1963 wurde der Sonderflugverkehr zur Frühjahrs- und Herbstmesse, nach zähen Verhandlungen mit der Roten Armee, vom Flughafen Leipzig- Schkeuditz durchgeführt. 1972 wurde Mockau als Verkehrsflughafen geschlossen und vom Betrieb Agrarflug als Basis- und Werftflugplatz übernommen und von der Gesellschaft für Sport und Technik (GST) für den Flugsport genutzt. Hier fanden 1966 die VIII. Weltmeisterschaften im Fallschirmsportspringen statt. Ab 19. Mai 1973 erfolgte der Umzug aller Flughafendienste nach Schkeuditz. Mit den Außerbetriebnahmen des Kurzstreckenflugzeuges AN-24 wurde 1975 Barth als Verkehrslandeplatz geschlossen. Am 10. April 1980 wurde der Inlandverkehr aus wirtschaftlichen Gründen eingestellt, auch im Zusammenhang mit der fortgeschrittenen Elektrifizierung der Eisenbahnstrecken der DDR wobei der Bereich Kranflug der INTERFLUG besonders erfolgreich mitarbeitete.

Eine Presseveröffentlichung zur Entwicklung der zivilen Luftfahrt in der DDR.

des Aufsichtsratsvorsitzenden und Ministerpräsidenten des Landes Bayern, F.J. Strauß, wurden die Embargoliste und die Cocom-Regeln unterlaufen und die Zusammenarbeit mit der Lufthansa AG ermöglicht. Bereits 1965 wurden bei der NVA zwei Passagierjets TU-124V mit Interflugbemalung und der zivilen Kennung DM-SDA und DM-SDB in Dienst gestellt. Die vorrangige Belieferung der NVA mit Luftfahrzeugen und die Mitnutzung des Namens Interflug durch die NVA und das MfS waren in der DDR üblich. Am 1. Juli 1975 wurde Generalmajor Dr. Klaus Henkes zum Stellvertreter des Ministers für Verkehrswesen und Leiter der Hauptverwaltung für Zivile Luftfahrt berufen. Die Interflug wurde nun zu einer Filiale der NVA. Schlüsselpositionen wurden zunehmend von ausgemustertem NVA-Personal besetzt. Die Einführung der Befehlsform, Kommandostabsübungen als Zivilverteidigungsübungen und Kampfappelle waren gewöhnungsbedürftig für das zivile Personal. Unter diesen Bedingungen fand der Flugbetrieb in den Betrieben der Interflug statt.

4.1 Solidaritätsflüge – ein Markenzeichen der Interflug

„Wir haben gelernt, wie Vögel zu fliegen, wie Fische zu schwimmen, doch wir haben die einfache Kunst verlernt, wie Brüder zu leben." Diese mahnenden Worte von Martin Luther King drücken den Solidaritätsgedanken aus, dem sich die Interflug und ihre Mitarbeiter verpflichtet fühlten. Es gehörte zu den Erfahrungen der IL-18-Besatzungen, dass Flüge mit hohem Risiko für Leib und Leben zu bewerkstelligen waren. Angewiesen waren u.a. Sonderflüge der DDR-Regierung zur Unterstützung von nationalen Befreiungsbewegungen in Afrika, so die von Libyen finanzierte Hilfsaktion zur Überwindung des Apartheidregimes in Südafrika. Diese Aufgabe für das militärische Transportwesen der NVA war der Interflug übertragen worden und führte am 26. März 1979 beim Start in Luanda zum Totalverlust der IL-18 DM-STI, der Crew und sechs Frachtbegleiter der ZAPU (Befreiungsorganisation von Zimbabwe). Im Bundesarchiv sind Hintergrundinformationen dazu nachzulesen, so auch die Empfehlung unseres Generaldirektors an die Staatsführung, diese Frachtflüge fortzusetzen, da „für die bereits beförderten Waffensysteme die Munition fehlt". Für die Besatzungen waren es Solidaritätsflüge,

für die Staatsführung waren es politisch motivierte Frachtflüge, für den Direktor Flugleistungsverkauf waren es Flüge mit Valutaeinnahmen und für uns Autoren der Verlust von Fliegerkameraden und speziell für Klaus Breiler eines guten Freundes seit der Fliegerschule 1957. Gemeinsam waren sie Piloten in der Abteilung Wirtschaftsflug in Magdeburg und Nachbarn in der gleichen Arbeiterwohngenossenschaft (AWG) in Berlin-Köpenick geworden. Ihre Kinder waren eng miteinander befreundet und ihre Familien halfen sich gegenseitig. Als Breiler ein Studium in Leningrad ablehnte, war Dieter Hartmann derjenige, der für ihn dort drei Jahre studierte. In der IL-18-Staffel waren sie wieder vereint.

Am 15. Oktober 1980 startete Klaus Breiler um 3.32 Uhr als Kommandant mit seinem Mitautor Otto von Berg als zweiten Flugzeugführer mit Navigator, Bordingenieur und einem erfahrenen Kapitän als Einweiser zum ersten Solidaritätsflug von Schönefeld über Moskau und Taschkent nach Kabul. Er kannte die extremen Besonderheiten des Flugplatzes mit 1.782 Metern Höhe über NN im Talkessel des Hindukusch-Gebirges (bis 7.900 Meter) liegend. Mit an Bord waren zwei Frachtbegleiter, ein Mitarbeiter im ZK der SED und der Botschafter der DDR in Afghanistan. Die Landung in Taschkent erfolgte pünktlich. Die Entscheidung über den Weiterflug nach Kabul erfolgte unter den Bedingungen des Bürgerkrieges nach Zustimmung

Schönefeld 1982: Fliegerärzte und das Personal des medizinischen Dienstes unter der Leitung von Dr. Jürgen Kressin (Dritter von unten) empfangen verwundete Freiheitskämpfer zur Behandlung in der DDR – auch das gehörte zur Solidaritätsbewegung.

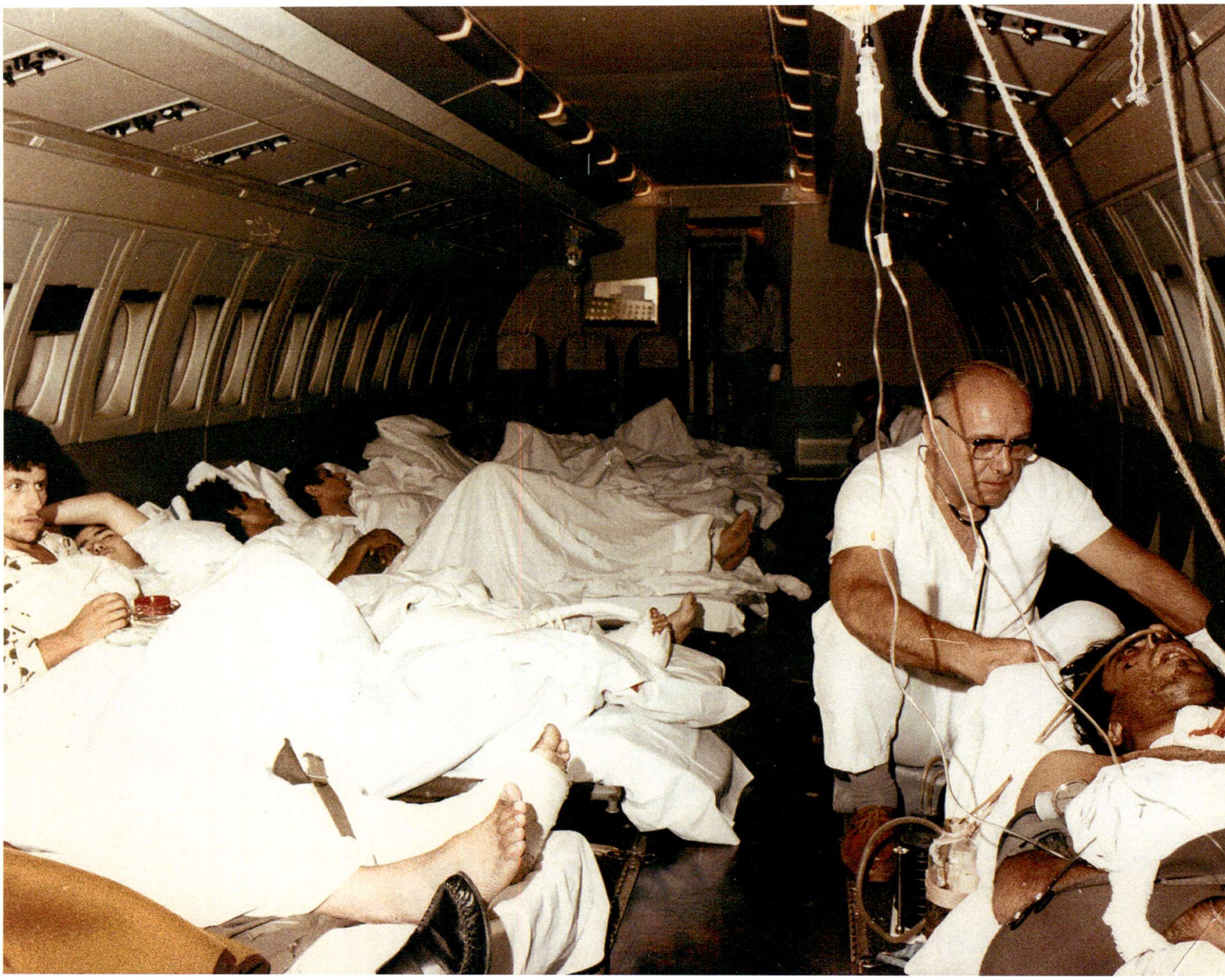

Damaskus 24. Juli 1982: 50 Kriegsverletzte aus dem Israel-Libanon-Konflikt werden, betreut von Dr. Günter Brand vom Krankenhaus Berlin-Köpenick, zur Behandlung in die DDR geflogen.

der sowjetischen Armeeführung. Wegen einer „Schneeräumung“ verspätete sich die Landung um fast sieben Stunden. Der Botschafter übergab die Ladung (medizinische Geräte, Medikamente, Blutplasma) unter Pressebeteiligung an Regierungsvertreter. Breilers Besatzung hatte bis dahin 16 Stunden gearbeitet. Der politischen Situation Rechnung tragend, war eine Übernachtung in Kabul ein Sicherheitsrisiko. Deshalb entschloss sie sich zum Rückflug nach Taschkent. Nach 22 Stunden Arbeitszeit waren sie im Hotel.

Am 17. Januar landeten sie um 12.43 Uhr wieder in Berlin. Für die Leistung von 18 Stunden 29 Minuten Flugzeit, 11.620 Flugkilometern und über 44 Stunden Arbeitszeit bedankte Breiler sich bei seiner Besatzung. Eine Bemerkung zur Arbeitszeitüberschreitung oder eine Anerkennung seitens ihres Direktors blieb aus. Der ADN und Zentralbild berichteten jedoch über die „Sendboten unserer Solidarität.“

Ein deutsch-deutscher Rettungsflug

Mit Hilfe eines Einbaukits konnte die Tu-134 schnell zu einem Ambulanzflugzeug umgerüstet werden. Als im Herbst 1976 der Tanker „Böhlen" der Deutschen Seereederei 15 Seemeilen vor der bretonischen Küste unterging, flog Kapitän Stiebritz unverzüglich mit der DM-SCT nach Brest, um die Überlebenden zurück zu bringen. Von der 37-köpfigen Schiffsbesatzung hatten nur elf Seeleute überlebt. Ähnlich erging es der Besatzung der „Rudolf Breitscheid", welche im September 1988 an der Nordmole des Ostseehafens Klaipeda zerschellte. 26 Seeleute wurden durch SAR-Hubschrauber geborgen, während sich der Rest an Land retten konnte. Sie wurden alle mit einer Tu-134A aus Tallinn nach Schönefeld geflogen.

Besondere Aufmerksamkeit erregte ein Ambulanzflug, der zum Rücktransport von in Afghanistan verunglückten Westberliner Reisenden im Auftrag der (west)Deutschen Rettungsflugwacht durchgeführt wurde. Flugkapitän Klaus Grätzsch, damals Fluginspekteur bei der SLI und verantwortlicher Pilot dieses Einsatzes, erinnert sich:

„Es war am 15. Juli 1976, ich saß nach einem normalen Bürotag gerade beim Abendessen, als mich der Direktor Flugbetrieb persönlich anrief und zu einem dringenden Flugeinsatz aufforderte. Eine Touristengruppe aus Westberlin hatte in der Nähe von Kabul, bei Djalalabad, einen schweren Verkehrsunfall mit ihrem Reisebus, wobei ein Teilnehmer ums Leben gekommen, vier schwer und zwei weitere weniger schwer verletzt worden waren. Die Zentrale der Rettungsflugwacht in Stuttgart war angesichts des Ereignisortes und der Anzahl der Verletzten schlichtweg überfordert und hatte sich hilfesuchend an die Interflug gewandt. Der Generaldirektor entschied, die Tu-134A DM-SCT für diese Aufgabe einzusetzen. Mit mir flog Flugkapitän Erich Metzger, der Leiter der Flugstaffel Tu-134, und auch die Funktionen des Copiloten und Navigators waren doppelt besetzt. Wir bereiteten gemeinsam mit den Flugdienstberatern den Flugplan vor. Die Route sollte über Stuttgart, Istanbul und Teheran nach Kabul führen. Keiner von uns hatte bis dato einen dieser Flughäfen angeflogen, doch da die Zeit drängte, musste eben eine „gleitende" Flugvorbereitung erfolgen. Die Techniker hatten das Flugzeug schon vorbereitet und die Krankentragen eingebaut. In der Hektik hatten sie uns zwar statt der Wüsten- eine Seenotausrüstung eingeladen,

aber Haie abwehren macht ja in allen Lebenslagen Freude! Fünf der acht Reifen des Hauptfahrwerks waren schon ziemlich abgenutzt, doch Eile tat not und ich entschied mich, die Maschine so zu übernehmen. Nachdem auch unsere beiden Stewardessen und Dr. Dollny vom Flugmedizinischen Dienst an Bord waren, hoben wir nach Mitternacht in Schönefeld ab und landeten eine Stunde später in Stuttgart. Die humanitäre Aufgabe hatte plötzlich viele (künstliche) Barrieren zwischen den beiden deutschern Staaten weggeräumt! Die wenigen Stunden bis zum geplanten Weiterflug nutzte die halbe Crew zum Schlafen, während die andere Hälfte in Zusammenarbeit mit der Rettungsflugwacht den weiteren Verlauf der Hilfsaktion vorbereitete. Herr Leyh, ein Schweizer Privatpilot, der sich mit seinem eigenen Flugzeug in der Flugrettung engagierte, stand uns als Koordinator während der folgenden Flüge zur Verfügung. In dieser Nacht musste ich noch für alle Eventualitäten 40 000 DM auftreiben, die Lufthansa-Stationen in Istanbul und Teheran informieren und die „Mitflieger" – Medienkorrespondenten und medizinisches Begleitpersonal – einweisen. Am frühen Vormittag waren wir schon wieder in der Luft. Die Abfertigung auf den Unterwegsflughäfen erfolgte schnell und komplikationslos, so dass wir uns schon sieben Stunden später auf dem Flug nach Kabul befanden. Es gelang uns trotzdem nicht, noch an diesem Tag das Ziel zu erreichen. Wir flogen in die Nacht hinein und an eine Landung in Kabul in Anbetracht der ungenügenden funk- und lichttechnischen Ausrüstung, der hohen Hindernisse und komplizierten Anflugverfahren war unter diesen Umständen nicht zu denken. Ich entschloss mich deshalb, nach Kandahar auszuweichen. Am frühen Morgen landeten wir dann in Kabul und übernahmen unsere Fluggäste, um so schnell als möglich den Rückflug anzutreten. Aber ausgerechnet am 17. Juli war anlässlich des Nationalfeiertages eine Flugschau vorgesehen und der Luftraum gesperrt! Erst nach einer lautstark geführten verbalen Auseinandersetzung und einem großzügigen Bakschisch gelang es mir doch, die Starterlaubnis zu erhalten, und so hoben wir eine gute Stunde nach der Landung wieder ab. Allerdings waren wir gezwungen noch einmal in Kandahar zum Tanken zu landen, da die Platzhöhe von rund 1800 Metern in Verbindung mit der hohen Außentemperatur in Kabul die zulässige Startmasse um sieben Tonnen reduzierte und damit der Treibstoff zum Flug nach Teheran nicht gereicht hätte. Doch bereits zwölf Stunden später landeten wir wohlbehalten in Schönefeld. Die Verletzten wurden noch auf dem Vorfeld von den bereitstehenden Westberliner Fahrzeugen übernommen. Die 18 Stunden Flugzeit mit mehr als 13 000 km hatten die Crew und die brave Tu-134A ohne erwähnenswerte Probleme hinter sich gebracht."

Die DDR hatte sich die Aufgabe gestellt, der Demokratischen Volkspartei Afghanistans bei ihrem Bildungsprogramm zur Überwindung feudaler Gesellschaftsstrukturen und des Analphabetentums zu helfen, weshalb weitere Flüge folgten. Mit aktiver Unterstützung der USA erhielten die Talibankämpfer Bodenluftraketen. Damit schossen sie aus ihren Basen in den umliegenden Gebirgszügen erfolgreich auf landende Luftfahrzeuge. Nach der Landung am 20. Juli 1981 in Kabul kamen vier sowjetische Kampfhubschrauber an. Von den Personenschützern der DDR-Botschaft erfuhr Breiler, dass sie seine Landung sicherten, indem sie die Basen unter Beschuss nahmen. Diese besondere Sicherheitsmaßnahme wurde für die hochrangige Delegation getroffen, die nun eine Druckerei in Kabul als Geschenk der DDR offiziell übergab.

Rettungsflug nach Kabul am 15. Juli 1976.

4.2 Zwei deutsche Staaten bei der UNO-Mission „Dürrehilfe für Äthiopien"

Karte von Äthiopien.

Seit Menschengedenken hat Äthiopien nach Ausbleiben von Regenfällen mit Dürre- und Hungerkatastrophen zu kämpfen. Da es drei Jahre lang keine nennenswerten Niederschläge gegeben hatte, drohte 1984/85 in Äthiopien eine ähnliche Katastrophe wie 1974, als viele Menschen verhungert waren. Zu den schwierigen innenpolitischen Verhältnissen eines Vielvölkerstaates kamen die folgenden Besonderheiten:

- **Geographie:** Zerklüftetes und unzugängliches Hochland bis 4.000 Meter über NN, nach Westen Übergang zum Flachland des Nils, nach Osten schroffer Abfall zum Roten Meer.
- **Klima:** Im Westen heiß und trocken, im Gebirge kühl und feucht, am Roten Meer heiß, feucht und windig, durch Abholzungen Bodenerosion mit Einflüssen auf Leben und Klima.
- **Verkehrswesen:** Die wenigen Straßen sind in der Regenzeit und durch örtliche Kleinkriege nicht durchgängig befahrbar. Eine Schmalspurbahn führt von der Hauptstadt Addis Abeba nach Djibouti (ehemalige französische Kolonie). Die Annexion Eritreas 1936 durch das faschistische Italien und die föderative Angliederung an Äthiopien laut UNO-Beschluss von 1952 stellten ein besonderes Problem dar. Alle Regionshauptstädte und wichtigen Orte verfügten über meist unbefestigte Landeplätze. Während der UNO-Mission 1984/85 fanden gleichzeitig Kriegshandlungen um Asmara, die Hauptstadt von Eritrea, örtliche Separatistenaktivitäten und Streit mit dem Nachbarn Somalia statt.

Die staatliche Organisation für Nothilfeoperationen Äthiopiens erkannte die Grenzen ihrer Möglichkeiten und wandte sich an die UNO-Vollversammlung. Deren Hilfsappell folgten viele Länder, so auch die beiden deutschen Staaten. Die Hilfsgüter wurden ab Herbst 1984 überwiegend mit Schiffen in den Häfen Assab und Massawa angelandet und

Die IF-Besatzung (rechts der Luftschraube) (von links) Breiler, Trepke, Eisenach und Walter erhält von der NVA-Besatzung (links der Luftschraube) Weihnachtspost aus Berlin überreicht.

mit etwa 1.500 Lkw sowie 80 Flugzeugen und Hubschraubern zu den hungernden Menschen gebracht.

Der stellvertretende UNO-Generalsekretär K. Jansson kam Ende 1985 zu dem Schluss, dass die Rettungsaktion unter äußerst komplizierten geografischen und verkehrstechnischen Bedingungen erfolgreich war. Über 7,5 Millionen Menschen in den Dürregebieten wurden Ende 1984 regelmäßig versorgt. 19 Nothilfezentren, 161 Ernährungsstützpunkte und 299 Verteilungsstationen entstanden. 280 ausländische Ärzte und Schwestern halfen. Über 580.000 Menschen wurden in fruchtbare Gebiete umgesiedelt und 270.000 Hektar Neuland wurden erschlossen.

Die DDR wurde durch international erfahrene Besatzungen und Techniker der Interflug mit zwei IL-18 und durch vorwiegend national bewährte Transportflieger der NVA mit zwei AN-26 Kleintransportern vertreten. Die westeuropäischen Länder waren mit Transportflugzeugen ihrer Luftwaffen präsent und erfahren bei der Erfüllung von Spezialaufgaben wie dem Palettenabwurf für hungernde Menschen in unzugänglichen Gegenden. Während die NVA in Assab stationiert war, praktizierten die Interflug und die Bundesluftwaffe in Dire Dawa eine friedliche Koexistenz. Nachdem sich beide Seiten von der Leistungsfähigkeit ihres Personals bei der Beherrschung ihrer Flugtechnik überzeugt hatten, herrschte gegenseitige Anerkennung. Verbrüderungsgesten waren durch die militärischen Vorgesetzten beider Seiten verboten.

Achtenswert sind die großen Leistungen der NVA-Besatzungen, die unter dem Namen „Interflug" ab 1985 weitere Einsätze in Afrika flogen. Unsere Nachbarn mit ihren Transall-Transportern lernten wir als international erfahrene Profis kennen. Als Interflugbesatzungen halfen wir, wo wir konnten. Das Lufttransportgeschwader 62 der Bundesluftwaffe bedankte sich dafür.

Start in Assab.

Die unbefestigte Piste in Assab zeigt Gebrauchsspuren. Gute Flugerfahrung war hier vonnöten.

Assab 1984: eine der beiden IL-18 der Interflug, links eine Hercules der belgischen Luftwaffe, rechts eine Hercules-Variante der USA.

Neben der IL-18 der Interflug sieht man hier die Transall der Bundesluftwaffe und zwei Hercules-Transporter der USA.

In Dire Dawa waren zwei deutsche Staaten bei der UNO-Mission „Dürrehilfe" vereint.

Treffen der IF-Teilnehmer an der internationalen Hilfsaktion „Dürrehilfe für Äthiopien" am 29. November 1985 am Flughafen Berlin-Schönefeld. Links die Besatzungen, rechts der Dachrinne die Organisatoren des Einsatzes. ▼

Unter dem Heck der IL-18 die beiden Transall der Bundesluftwaffe in Dire Dawa 1985.

Hilfsgüter wurden mit Flugzeugen zu den Hungernden gebracht.

Ein Ergebnis der friedlichen Koexistenz von Interflug und Bundesluftwaffe.

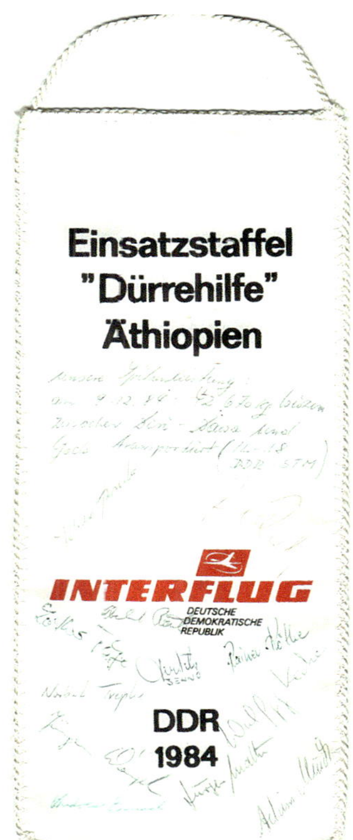

Wimpel der Einsatzstaffel „Dürrehilfe“.

Ein AN-26-Transporter der NVA mit Interflug-bemalung.

4.3 Erinnerungen an die Überschallverkehrsluftfahrt in der DDR

Zum VIII. Parteitag der SED landeten am 13. Juni 1971 das erste Mach-2-Flugzeug, die TU-144 und der größte Hubschrauber W-12 in Schönefeld. Sie wurden im Nordteil zunächst der Bevölkerung und an den Folgetagen den Parteitagsdelegierten im Südteil des Flughafens gezeigt.

Messeflugbetrieb im März 1986 in Leipzig-Schkeuditz.
Am 19. März landete hier die Concorde.

Für die Mitarbeiter der Interflug sind Landungen der TU-144 und der Concorde in Schönefeld und Leipzig-Schkeuditz heute mehr als nur Erinnerungen an das abgeschlossene Kapitel der Überschallverkehrsluftfahrt, denn sie bestätigten auch, dass die erforderlichen Voraussetzungen für Landungen von Überschallflugzeugen in Berlin und Leipzig gegeben waren.

Am 31. Dezember 1968 fand der Erstflug des Prototyps der TU-144 statt. Die Weiterentwicklung erreichte 1970 die vorgesehene Reisegeschwindigkeit von 2.500 km/h. Vom 29. Pariser Salon für Luft- und Raumfahrt aus Le Bourget kommend, landeten die TU-144 und der Hubschrauber W-12 am 13. Juni 1971 in Schönefeld. Geplant als eine politische Machtdemonstration, wurde den Delegierten des VIII. Parteitages und der DDR-Bevölkerung diese neue Flugtechnik vorgeführt.

Auf dem 30. Pariser Salon kam es am 3. Juni 1973 während eines demonstrierten Langsamfluges zum Absturz. Zur Luftfahrtschau in Hannover 1974 hatte dann das Serienmodell mit Vorflügeln für verbesserte Langsamflugeigenschaften Weltpremiere. Nach weiteren Havarien wurde das Projekt 1981 eingestellt. Es brachte drei wichtige Erkenntnisse:

- Der Erstflug der TU-144 (31. Dezember 1968) vor der Concorde (2. März 1969) war ein politischer Sieg, aber eine technische Niederlage. Mit einem Kraftstoffverbrauch von 26 kg/km war man den westlichen Triebwerken weit unterlegen.
- Das Prestigeobjekt verbrauchte Kapazitäten für Weiterentwicklungen anderer Typen. Die Folgen hatte die gesamte Zivilluftfahrt der RGW-Länder zu tragen.
- Was bleibt, sind die wissenschaftlich-technischen und fliegerischen Leistungen, 13 Weltrekorde und bedeutende Erkenntnisse für die Luftfahrt.

G-BOA

Das Spornrad der Concorde zum Schutz des Rumpfes bei der Landung. Die Concorde der British Airways landete am 19. März 1986 am Messeflughafen Leipzig-Schkeuditz.

Die erste Concorde vor dem historischen „Generalshotel" in Schönefeld im Jahr 1990.

Start nach Paris zum Überschall-Erlebnisflug.

Am 18. März 1986 erfolgte die erste Landung einer Concorde der Air France auf dem Messeflughafen Leipzig-Schkeuditz. Einen Tag später landete die Concorde der British-Airways. Im wiedervereinigten Berlin stellte Air France am 9. Juni 1990 in Schönefeld für 1.100 DM eine Concorde für einen Überschall-Erlebnisflug nach Paris bereit.

2003 endete nach 27 Jahren Überschallverkehr ein erfolgreiches Kapitel der Luftfahrt. Insgesamt waren 16 Serienmaschinen in Toulouse (Frankreich) und Fairford (England) für ihre nationalen Fluggesellschaften gebaut worden. Das Projekt Boeing 2707 der USA war 1971 im Zusammenhang mit dem teuren Vietnamkrieg gescheitert. Per Gesetz wollten die USA die Führungsrolle der Europäer im lukrativen Nordatlantikverkehr verhindern. Da der Gesetzesentwurf im Senat scheiterte, begann der Überschallverkehr der Concorde nach New York im Mai 1976.

Ein historisches Dokument – der berühmte erste Flug der Concorde im neuen Jahrtausend.

Werbung für die Concorde.

Kunst als Brücke der Verständigung

Im Frühjahr 1978 erhielt Klaus Breiler einen ungewöhnlichen Flugauftrag. In den USA sollte DDR-Kunst gezeigt werden und er wurde angewiesen, mit seiner Crew vom 22. bis 26. April vier Mal von Dresden nach London-Heathrow zu fliegen. Die Dresdner Kunstschätze wurden von Vertretern der Staatlichen Kunstsammlungen begleitet. Pilot und Crew nahmen nur jeweils etwa vier Tonnen Fracht mit an Bord, um die maximale Versicherungssumme nicht zu überschreiten. In London übernahmen Sicherheitsbeamte nach der Ankunft die wertvolle Fracht, die sofort mit einer Boeing 747 der Pan Am weitertransportiert wurde.

Wie der Zufall es wollte, erlebte Breiler den Start einer Concorde vor dem Start der B 747 mit den Kunstschätzen. Er hielt dies mit seiner Kamera fest. Den Rest erfuhr er aus der Presse. Die Nachrichtenagentur ADN berichtete von der Eröffnung der Ausstellung „Die Pracht Dresdens – fünf Jahrhunderte Kunstsammlung – eine Ausstellung aus der DDR“, beginnend in Washington, danach in New York und San Francisco. Von 1,5 Millionen Kunstinteressierten bestaunt, leistete die Crew einen Beitrag zu dieser „Brücke der Verständigung im Leben unserer Völker“, wie der Bürgermeister von Washington es bei der Ausstellungseröffnung nannte.

SIB
BERLIN

5.

Der Betrieb Agrarflug

◄ Die offizielle Eröffnung der Abteilung Wirtschaftsflug der Deutschen Lufthansa Ost mit dem Hauptdirektor der Lufthansa, Arthur Pieck, dem Minister für Land- und Forstwirtschaft, Hans Reichelt, und Vertretern des Herstellers aus der ČSR am 27. April 1957 in Diepensee.

Versuchsflüge 1956 in der DDR mit der Besatzung der Agrolet und ihrer K-65.

Zu Beginn des 20. Jahrhunderts wurden die Kiefernbestände in Mitteleuropa durch einen Befall von Nonnenraupen stark geschädigt – in Deutschland betrugen die Schäden im Jahr 1913 insgesamt 120 Millionen Reichsmark. Auch Oberförster Alfred Zimmermann aus Detershagen bei Magdeburg musste dieser Katastrophe in seinen Wäldern tatenlos zusehen, denn es gab keine Geräte, mit denen man die vorhandenen chemischen Mittel auf die befallenen Baumkronen stäuben konnte. Bis er schließlich 1910 das Patent zur Bekämpfung von Forstschädlingen mithilfe von Luftfahrzeugen anmeldete. Im Mai 1925 war es endlich so weit, dass die Forstakademie bei Eberswalde die ersten erfolgreichen Versuchsflüge mit Kalkarsen aus einer Fokker der Fluggesellschaft Aero Lloyd startete. Noch im gleichen Jahr entstand in den Junkers-Flugzeugwerken Dessau die Abteilung Schädlingsbekämpfung. Die Junkers-Flugzeuge F 13 und W 33 sowie die dazugehörigen Junkers-Patente bewährten sich auf diesem neuen Geschäftsfeld sehr erfolgreich.

Mit Mehrzweckflugzeugen des Typs L-60 und AN-2 begann die Abteilung Wirtschaftsflug der DDR 1957 als Helfer der Land- und Forstwirtschaft. Der Zusammenschluss kleiner Einzelbauernwirtschaften zu landwirtschaftlichen Produktionsgenossenschaften in der DDR war ein vielschichtiger und komplizierter Prozess. Große landwirtschaftliche Nutzflächen ermöglichten den Agrarfliegern eine höhere Effektivität. Die Freisetzung von Arbeitskräften und die Verminderung von schwerer körperlicher Arbeit waren das propagierte Ziel dieser Zusammenschlüsse. Mit der Errichtung von Stützpunkten in Magdeburg, Kyritz, Berlin und Anklam wurden die Agrarflugleistungen erhöht. 1970 waren es bereits 1,7 Millionen Hektar. Mit der Indienststellung des Agrarflugzeuges Z-37 ab 1968 und der Errichtung von technischen Basen (Werften) wurden neue Methoden der Instandhaltung und Instandsetzung eingeführt. Die Erweiterung der Agrarflugflotte erforderte die Ausbildung von Piloten und Mechanikern. Deshalb war am traditionsreichen Flughafen Leipzig-Mockau 1967 das Ausbildungs- und Weiterbildungszentrum des Agrarfluges gegründet worden. Mit Unterstützung der Vertragspartner und der staatlichen Organe entstanden feste Einsatzgebiete für die Besatzungen. In der Folgezeit wurden Agrochemische Zentren (ACZ) als zwischengenossenschaftliche Einrichtungen für Agrarchemikalien gegründet. Hier erfolgte vor Ort eine sinnvolle Kooperation zwischen Flugzeug und Bodengerät. In enger Zusammenarbeit mit dem Institut für Pflanzenschutzforschung Kleinmachnow, den staatlichen Organen und dem Interflugbetrieb Agrarflug wurde das 1970 von der Volkskammer beschlossene Landeskulturgesetz umgesetzt. Pflanzenschutz wurde in der DDR ein fester Bestandteil von Umweltschutzmaßnahmen. Agrarflugzeuge nahmen dabei eine wichtige Rolle ein.

205

GESETZBLATT

der Deutschen Demokratischen Republik

Teil I

1956	Berlin, den 27. Februar 1956	Nr. 23

Anordnung
über das Statut der „DEUTSCHEN LUFTHANSA“.

Vom 15. Februar 1956

§ 1

Das Statut der „DEUTSCHEN LUFTHANSA“ wird für verbindlich erklärt.

§ 2

Diese Anordnung tritt mit Wirkung vom 1. Januar 1956 in Kraft.

Berlin, den 15. Februar 1956

Ministerium des Innern
Maron
Minister

Anlage
zu vorstehender Anordnung

Statut
der „DEUTSCHEN LUFTHANSA“

Für die im Mai 1954 geschaffene „DEUTSCHE LUFTHANSA“ wird auf Grund des § 3 Abs. 1 der Ersten Durchführungsbestimmung vom 7. April 1952 zur Verordnung über Maßnahmen zur Einführung des Prinzips der wirtschaftlichen Rechnungsführung in den Betrieben der volkseigenen Wirtschaft — Regelung der Rechtsnachfolge der Vereinigungen Volkseigener Betriebe — (GBl. S. 287) folgendes Statut erlassen:

§ 1
Rechtliche Stellung

(1) Die „DEUTSCHE LUFTHANSA“ ist ein volkseigener Betrieb im Sinne des § 1 der Verordnung vom 20. März 1952 über Maßnahmen zur Einführung des Prinzips der wirtschaftlichen Rechnungsführung in den Betrieben der volkseigenen Wirtschaft (GBl. S. 225). Die „DEUTSCHE LUFTHANSA“ wirtschaftet selbständig und rechnet in eigener Verantwortung ab. Sie arbeitet nach dem Prinzip der wirtschaftlichen Rechnungsführung.

(2) Die „DEUTSCHE LUFTHANSA“ ist dem Ministerium des Innern unmittelbar unterstellt.

§ 2
Bezeichnung

Der Betrieb führt im Rechtsverkehr den Namen „DEUTSCHE LUFTHANSA“ (DLH).

§ 3
Sitz

Der Sitz der „DEUTSCHEN LUFTHANSA“ ist Berlin.

§ 4
Aufgaben

(1) Die Aufgaben der „DEUTSCHEN LUFTHANSA“ bestehen insbesondere in folgendem:

Durchführung des innerdeutschen und internationalen Luftverkehrs mit eigenen Luftfahrzeugen;

Verkauf von eigenen Flugscheinen und Flugscheinen anderer Luftverkehrsunternehmen;

Beförderung von Personen, Reisegepäck, Frachten und Gütern sowie Post auf dem Luftwege;

Durchführung von Flügen für geologische, geodätische, kartographische und meteorologische Zwecke sowie für Aufgaben auf dem Gebiet der Forschung, der Schädlingsbekämpfung und für andere Aufgaben land- und forstwirtschaftlicher Art;

Errichtung eines Lufttaxiverkehrs, Durchführung von Schau- und Rundflügen u. a. m.

Das Statut der DLH regelt in § 4 auch die Aufgaben der Abteilung Wirtschaftsflug.

1986 beschloss der Ministerrat der DDR ein Programm zum Schutz und zur Gesundung der Waldbestände speziell im Süden der DDR. Agrarflugunternehmen der UdSSR, der VR Bulgarien und der VR Polen halfen dabei. Gesucht wurde dringend ein Ablösetyp für das Agrarflugzeug Z-37 aus der ČSSR. Flugkapitän Heinz Müller, Leiter der Staffel Halle, äußert sich folgendermaßen dazu: „1979 folgte die PZL-106 A aus Polen. Dieses Flugzeug betrachte ich als einen Rückschritt, es war eine von vielen unverständlichen Entscheidungen im Flugzeugbau durch den Rat für gegenseitige Wirtschaftshilfe (RGW). Große technische Probleme hatten wir zu bewältigen, aber die Abgesandten der Zentrale aus Berlin wussten keine Antworten auf unsere Fragen. Dieser Zustand dauerte bis 1989 an. In dieser Zeit wurde mehr Kraft in die ‚Festigung des Klassenstandpunktes' investiert als in die Lösung arbeitsorganisatorischer und technischer Probleme. Dazu kam das übersteigerte Sicherheitsbedürfnis. In der Zuspitzung ungelöster Probleme überraschte uns die ‚Wende'."

5.1 Die Entwicklung des Betriebs

Die Flugzeuge überwinterten in Berlin-Diepensee und standen ab Februar zur Abholung bereit.

Am 12. Juni 1957 erhielt die Abteilung Wirtschaftsflug die erste Doppelsteuer-L-60 DM-SIA für die Ausbildung der Wirtschaftsflieger.

Die erste AN-2-Beladung von Hand im Jahr 1957.

AN-2 1960 im Forsteinsatz. Dieses Foto wurde 1963 Walter Ulbricht zum Bauernkongress in Magdeburg überreicht.

Die Flugstaffel Halle 1986 mit Staffelleiter Heinz Müller (rechts). Das letzte Treffen der Staffel fand im April 2018 in Blankenburg statt.

Die Werft des Betriebes Agrarflug in Leipzig-Mockau.

Beladung einer Z-37: Vervollkommnung der Beladetechnik und des Funkverkehrs des Stationsmechanikers mit dem Piloten.

Beladung einer PZL-106BR.

Beladung einer M-18A – ein weiteres Agrarflugzeug der polnischen Flugzeugindustrie.

Der Universalhubschrauber Ka-26 im Sprüheinsatz im Wein- und Obstbau.

5.2 Die Abwicklung des Betriebs

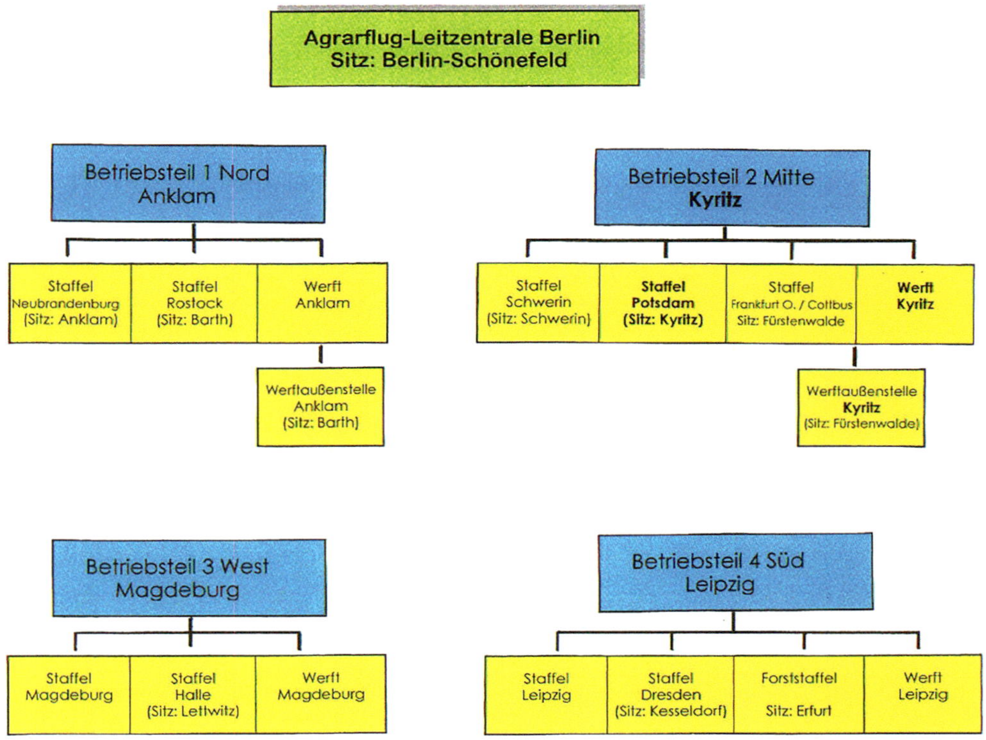

Die Struktur des Betriebes Agrarflug vor der Abwicklung.

In Kyritz wurde 1990 die Flotte stillgelegt. Die Besatzungen wurden entlassen.

INTERFLUG-Agrarflugzeuge für US-Farmer

Die Odyssee der DDR-Agrarflugzeuge nimmt ihren Lauf. Aus den ehemaligen Flugzentren in Leipzig, Magdeburg, Kyritz und Anklam wurden die Maschinen nach den USA verkauft. Schon seit 1990 bestand ein nicht unerwartetes Interesse von Käufern aus Afrika, Nahost und Amerika. Doch der Preis macht die Musik. US-Unternehmen sind jetzt die neuen Besitzer. Erwartungsgemäß überstiegen die Transportkosten dabei den Kaufpreis. Demontiert ging die Reise per Schiff nach Westen. Jetzt werben die Investoren um die Gunst der dortigen Farmer.

Neu am Himmel der Staaten ist die PZL-106 Kruk (zu deutsch „Rabe", englisch „Raven"). Mit ihnen handelt unter anderem die Raven Aircraft Corporation. Angesiedelt ist sie in der Kleinstadt Americus – im Baumwoll- und Erdnuß-Anbaugebiet von Georgia. Auf Souther Field, dem städtischen Flugplatz, waren Anfang November vergangenen Jahres nicht

Bereit zum Probeflug – je eine Kruk, Cmelak und Dromader (ex DDR-TEM, DDR-SMY, DDR-TKT) auf Southern Field, Georgia

weniger als 50 deutsche Maschinen abgestellt. Einige von ihnen tragen noch immer die volle DDR-Kennzeichnung. Und sie stehen auf historischem Boden. Souther Field ist mit einem großen Namen der Luftfahrt verbunden. Ein Denkmal gibt zu verstehen: „Her at Souther Field Ch. A. Lindbergh made his first solo flight in May, 1923."

Damit die dortigen Farmer bald zu ihrem „solo-flight" aufsteigen können, steht für Einweisungsflüge ein Kruk-Doppelsitzer (ehemals DDR-TDD) zur Verfügung. Doch nicht nur Kruk's warten in Souther Field auf Kunden. Die Raven Aircraft Corp. ist auch im Besitz ehemals deutscher M-18-Dromader-Maschinen. Ihre höhere Nutzlast hatte sie schon frühzeitig für den US-Markt interessant gemacht. Bereits seit 1981 trägt die M-18 die amerikanische Musterzulassung. In der Folge wurden Dutzende direkt vom polnischen Hersteller geliefert. Mit der Technik der jetzt aus Deutschland importierten Maschinen ist man in den Staaten also bestens vertraut.

Lutz Freundt

Unter der Sonne von Georgia – die frühere DDR-TEM mit deutscher Flagge und US-Kennzeichen

Demontierte Dromader warten auf einen neuen Besitzer. Vorn die D-FOHE, dahinter die D-FOHX

Bestand in Souther Field, Georgia (November 1994)

Kennzeichen	Werk-Nr.
PZL-106A Kruk	
DDR-TAG	48045
DDR-TAK	59073
DDR-TAZ	60090
DDR-TBK	60114
DDR-TBX	37021
(vor 1981 Ungarn)	
PZL-106BR Kruk	
D-FODB	09860179
keines	09860181
(ex DDR-TDD, Doppelsitzer)	
D-FODE	09860182
D-FODF	09860183
D-FODH	09860185
D-FODI	09860186
D-FODL	09860189
D-FODM	09860190
D-FODN	09870200
D-FODO	09860192
D-FODT	09860197
D-FODU	09860191
D-FODZ	09870208
D-FOEA	10880209
D-FOEF	10880214
D-FOEG	10880215
D-FOEH	10880216
D-FOEK	10880224
N117RA	10880226
(ex D-FOEM/DDR-TEM)	
D-FOEQ	10890235
M-18A Dromader	
D-FOHE	1Z013-25
(N137RA vorgemerkt)	
D-FOHK	1Z013-31
N151RA	1Z015-09
(ex D-FOHT/DDR-TKT)	
D-FOHV	1Z015-11
(N152RA vorgemerkt)	
D-FOHX	1Z015-13
(N154RA vorgemerkt)	
D-FOLE	1Z015-20
D-FOLF	1Z015-21
Z-37-2 Cmelak	
N147RA	06-26
(ex D-EONY/DDR-SMY)	

(Außerdem 17 Maschinen ohne Kennzeichen)

Dieser Artikel von 1995 berichtet davon, dass DDR-Agrarflugzeuge in die USA verkauft wurden, wobei die Transportkosten den Kaufpreis überstiegen.

Diese M-18 A mit dem Ziel Australien gehörte zu den über 300 Agrarflugzeugen, die von der Treuhandanstalt verteilt wurden.

Stillgelegte Flugzeuge am Stützpunkt Anklam warteten 1991 auf ihren Liquidator.

5.3 Erinnerungen an den Agrarflug der DDR

Tag des Agrarfluges am 24. Mai 2008 in Kyritz.

Flugvorführungen am 24. Mai 2008 mit einer M-18 der ehemaligen Waldbrandstaffel aus Erfurt.

Beim Tag des Agrarfluges am 24. Mai 2008.

Auch die Mitglieder des Vereins historischer Flugzeuge waren mit ihren Modellen von DDR-Landwirtschaftsflugzeugen vertreten.

Flugvorführungen ehemaliger Agrarflieger der Interflug 2009 in Gardelegen.

Diese Veranstaltung bot eine Flugschau der Originale und der Modelle.

INTERFLUG
FERNERKUNDUNG , INDUSTRIE
DDR-WRC

6.

Die Spezialflieger der Interflug

◂ Die Werft für Fernerkundung, Industrie- und Forschungsflug mit der PZL-104 Wilga, die für Überwachungsflüge eingesetzt wurde.

Kranflugarbeiten über Industrieanlagen brachten Zeit- und Kosteneinsparungen.

Montage von Siloanlagen für die Landwirtschaft mit dem Turbinenhubschrauber Mi 8T.

Die Elektrifizierung des Streckennetzes der DR.

Brandlöschung mithilfe eines patentierten 2.000-Liter-Behälters.

Der Betrieb der Interflug, der zuletzt den Namen „Fernerkundung Industrie- und Forschungsflug" (FIF) trug, hatte bis zum Verkauf an die Piper Generalvertretung Deutschland AG durch die Treuhandanstalt am 1. August 1991 für 1 DM das breiteste Leistungsangebot aller Luftverkehrsunternehmen Europas. Aus der Hubschraubergruppe der Abteilung Wirtschaftsflug entstand im Juni 1959 der Bereich Spezialflug, 1978 der Betrieb Bildflug und 1985 der Betrieb FIF. Für Insider blieben sie die Spezialflieger der Interflug, auch als Anerkennung ihrer fliegerischen Leistungen. Ihr Leistungsspektrum reichte von Kran- und Außenlastflügen zur Elektrifizierung der Hauptstrecken der Deutschen Reichsbahn und zum Bau von Küstenschutz- und Hafenanlagen über Montage- und Demontageflüge bis hin zu Flügen zur Gewinnung von Fernerkundungsdaten für Städte- und Verkehrsplanung, Wasserwirtschaft, Umweltschutz, geophysikalische Lagerstättenerkundungen sowie für Film-

Ziehen der Fahrleitung.

und Fernsehaufnahmen. Sie bewerkstelligten Sanitäts- und Sicherungsflüge, Wasserabwürfe zur Waldbrandbekämpfung sowie viele andere Aufgaben für die Volkswirtschaft, den Katastrophenschutz und die Wissenschaft.

Beginnend mit dem Hubschrauber des Typs Mi-4 verfügte dieser Betrieb der Interflug außerdem über Hubschrauber des Typs Mi-8T und Ka-26, Flugzeuge des Typs L-410 UVP, AN-2 und Wilga, Luftbildkameras der Typen MKF-6M und MRB sowie über hochwertige Messtechnik des VEB Carl Zeiss Jena der Systeme LKM und MSK 4 – Schrägbildkameras und Ausrüstungen für die Interpretation der Fernerkundungsdaten. Mittels Infrarotscanner konnten so Wärmeenergieverluste an Trassen und Gebäuden ermittelt werden.

Die Traktionsumstellung auf elektrischen Zugbetrieb und die dafür entwickelten Technologien waren ein Beitrag zum Umweltschutz und zur Senkung des Energieaufwands. Ohne Unterbrechung des Zugbetriebes bei verkürzter Bauzeit, mit fliegerischem Können und den gesammelten Erfahrungen wurden diese Aufgaben erfüllt. Die Kosteneinsparungen lagen im Betriebsteil Industrieflug bei 75 Prozent. Das Elektrifizierungsprogramm der Reichsbahnstrecken war kein Selbstläufer, sondern wurde von Alfred Neumann (1904–2001) beeinflusst. Als ehemaliges Mitglied des Politbüros des ZK der SED (seit 1958), Minister für Materialwirtschaft (1965–1968) und 1. Stellvertreter des Vorsitzenden des Ministerrates sagte er in einem 1996 veröffentlichten Interview: „Wenn ich überhaupt einen Erfolg hatte in meinem Leben, dann war es die Elektrifizierung der Eisenbahn unter den

Lastaufnahme für die Gießerei der Skoda-Werke in Mlada Boleslav.

Montage von TV-Antennen für das Fernsehen in Brno.

Transport von Baumaterial für eine Berghütte auf dem Dumbier in der Niederen Tatra.

Bedingungen von Honeckers und Mittags Regime. Ich hatte die Verantwortung für die Elektrifizierung. Wir hielten den Plan und erreichten eine Kostenunterbietung. Es war rundum die beste Geschichte, die wir in der DDR hatten."

Die gegenläufigen Intentionen von Neumann und Mittag zur ostdeutschen Bahn eskalierten Ende 1988/Anfang 1989 in einem sehr scharfen schriftlichen Disput. Er wurde indirekt, über die Tische der jeweiligen Dienstherren ausgetragen. Die Diskussion hatte Neumann unter folgender Überschrift eröffnet: „Zu einigen aktuellen Problemen unserer Eisenbahn." In dem Bericht brachte er die Zustände bei der Bahninfrastruktur,

die Versäumnisse und einige Hintergründe hierfür auf den Punkt. So sei die Deutsche Reichsbahn (DR) „technisch einer der rückständigsten Wirtschaftszweige unserer Republik", die Erhaltungs- und Modernisierungsmaßnahmen seien nicht gesichert. Der Bau des Berliner Außenrings, der Strecke Überseehafen Rostock–Berlin, die Verbesserung des Personenverkehrs in Berlin und partiell die Elektrifizierung seien erfolgreiche Projekte gewesen. In der Summe hätten sich aber die „Unzulänglichkeiten und Unterlassungen im Verlauf einiger Jahrzehnte angehäuft. Nun stehen wir vor einem Gebirge unbewältigter Aufgaben."

Versorgungsflüge mit einem Netzcontainer für die Bauarbeiter auf dem Dumbier.

Eine Innovation der Interflug war die Erprobung eines Rettungscontainers.

Elektrifizierung bei laufendem Zugverkehr.

Seenotrettungsübung.

Mit dem Ka-26 waren auch Wasserlandungen möglich.

Ein wichtiger Beitrag zum Umweltschutz.

Der Wärmestrahlung auf der Spur - Experiment VULKAN

Die Messung und Registrierung der Temperaturverteilung auf der Erdoberfläche mit Hilfe spezieller Fernerkundungsverfahren von kosmischen Flugkörpern und Flugzeugen aus,stellen seit geraumer Zeit eine wertvolle Ergänzung der herkömmlichen Fernerkundungsinformationen dar. Für die Bewertung der Umweltbelastung, die Lösung konkreter geologischer und hydrologischer Aufgabenstellungen sowie zur Ermittlung des Mikroklimas z. B. kann kaum noch auf den Spektralbereich des thermischen Infrarots verzichtet werden.

In Vorbereitung der kommerziellen Anwendung dieses Verfahrens durch die INTERFLUG erfolgte im Jahre 1987 im Rahmen eines breit angelegten Forschungsexperimentes die Befliegung ausgewählter Testgebiete der DDR, um ein Höchstmaß an Informationen zur zielgerichteten Auswertung in allen relevanten Bereichen der Volkswirtschaft zu gewinnen. Für diese Aufgabe stand die aus der UdSSR gecharterte zweikanalige Thermovisionsanlage VULKAN zur Verfügung.

Gemeinsam mit den Forschungs-Kooperationspartnern in der DDR wurden als Testgebiete ausgewählt:

- Greifswalder Bodden (Gewässerbelastung),
- Eisenbahndamm Borkenfriede-Ferdinandshof (Baugrund),
- Oderbruch (Grundwasser),
- Landwirtschaftsflächen bei Müncheberg und Beeskow (Mikroklima),
- Berliner Gewässer (Gewässerbelastung),
- Rüdersdorf (Umweltbelastung),
- Stadtgebiet Leipzig (Mikroklima),
- Eisenbahndamm Halle-Schkopau (Baugrund),
- die Flüsse Gera und Ilm (Gewässerbelastung),
- Lütsche-Talsperre (Wasserqualität),
- Stadtgebiet Dresden (Mikroklima),
- Elbe zwischen Pirna und Meißen (Gewässerbelastung).

Als Trägermittel diente ein entsprechend modifiziertes Universalforschungsflugzeug des Typs L-410 UVP, zur exakten Bestimmung der Übergrundgeschwindigkeit zusätzlich mit einem Dopplerradar DISS 013 ausgerüstet.

Für die Flugdurchführung standen maximal vier Wochen im September zur Verfügung. Hohe Anforderungen waren an die meteorologischen, navigatorischen und organisatorischen Bedingungen gestellt.

Im Sinne der Aufgabenstellung mußte vorwiegend in den Nacht- und Dämmerungsstunden bzw. am Tage nur bei geschlossener Wolkendecke geflogen werden, um den das Ergebnis verfälschenden Einfluß direkter Sonneneinstrahlung zu vermeiden. 24 Stunden vor Flugbeginn sollte trockene Witterung herrschen, die Windgeschwindigkeit im Aufnahmegebiet 5 m/s am Boden nicht überschreiten. Des weiteren mußten Bodenkontrollmessungen organisiert werden. Die Flüge erfolgten nach Sichtflugregeln in Höhen zwischen 190 (Flüsse, Bahndämme) und 3800 m (Bodden, Stadtgebiete) und erforderten auf Grund der Objektgrößen Zwischenlandungen in Barth, Dresden, Leipzig und Erfurt. Die durchgeführten Flüge erbrachten umfangreiches verwertbares Filmmaterial, das umfassend interpretiert wurde. Trotz nicht optimaler jahreszeitlicher und meteorologischer Bedingungen während der Flugeinsätze ist das Forschungsexperiment als Erfolg zu werten.

Das ausgewertete Bildmaterial erlaubt eindeutige Aussagen zum Beispiel

- zur Verteilung der Gewässerbelastung und Ermittlung von Einleitern in Elbe und Berliner Gewässer,
- zur Kühlwassertemperaturverteilung des KKW-Nord im Greifswalder Bodden,
- zur Baugrundsituation und Grundwasserfließrichtung an beiden Bahndämmen,
- zur Ausgrenzung der Warm- und Kaltluftgebiete und über deren Auswirkung auf die Vegetation in Dresden und Leipzig,
- zur Wasseraufbereitung und Wasserqualität des Trinkwasserreservoirs Lütsche-Talsperre.

Im Ergebnis dieses Forschungsexperiments konnte durch das erfolgreiche, problembezogene Ansprechen der potentiellen Hauptnutzer mit konkreten Anwendungsbeispielen der Markt für das thermische Infrarot in der DDR abgesteckt werden. Dieses Fernerkundungsverfahren wird breite Anwendung finden und muß nunmehr für den Serienbetrieb ausgebaut werden. Prinzipiell ist das Universalforschungsflugzeug L-410 als Trägermittel auch für thermische Sensoren geeignet.

Dipl.-Ing. Klaus Apel
Betriebsteilleiter Forschungsflug

6.1 Die Liquidierung des Betriebs Fernerkundung, Industrie und Forschungsflug (FIF)

Broschüre der Berliner Spezialflug GmbH.

Es ist die Ironie der Geschichte, dass dieser Betrieb, der als Spezialflug begann, als Berliner Spezialflug GmbH liquidiert wurde. Die Enteignung und Privatisierung dieses jüngsten und innovationsfähigsten Luftfahrtbetriebes der Interflug erlebte Dipl.-Ing. Horst Huth hautnah. Seit 1956 bei der DLH, wurde er 1973 Technischer Sicherheitsingenieur für die Betriebe Agrar- und Bildflug, danach Projektleiter für die Einführung neuer Agrarflugzeuge. 1990 wurde er Direktor des Betriebes FIF. Mit der „Entflechtung der Interflug“ wurde er von der Treuhandanstalt (THA) zum Geschäftsführer der Berliner Spezialflug GmbH (BSF) bestellt.

Dem Betrieb FIF waren alle Spezialflugaufgaben für die Wirtschaft, den Umweltschutz und die Wissenschaft übertragen worden. Vorausgegangen war eine umfangreiche Investitionsphase mit den Schwerpunkten:

Aus Interflug wird Berliner Spezialflug. Hier die L 410-Flotte des Betriebes FIF.

Neue Firma – neue Bemalung. Aber die Treuhandanstalt hat andere Pläne.

Die Neuanschaffung: Piper P-28 der Flugschule der BSF.

Der BSF war zugelassen für Passagierflüge. Dazu war dieses Flugzeug verfügbar.

Das Funktionsgebäude des Betriebs FIF, nun des BSF, ist leer geräumt und wird zum Abriss vorbereitet.

- Erwerb landwirtschaftlicher Nutzflächen
- Bau eines Produktions- und Funktionsgebäudes mit Hangar und Werkstätten
- Aufbau und Ausrüstung eines Luftbildlabors
- Anschaffung von Luftbildflugzeugen und Kameratechnik.

Der jährliche Umsatz lag zwischen 50 und 60 Millionen Mark. Im Zeitraum von 1984 bis 1989 konnte der Betrieb seine Investitionskredite tilgen und war zum Zeitpunkt der Entflechtung der Interflug schuldenfrei. Am 3. Oktober 1990 wurde aus dem Betrieb FIF die BSF GmbH gegründet. Die Eröffnungsbilanz betrug 2,33 Millionen DM. Der BSF wurden 315 Mitarbeiter zugeordnet und die Berliner Spezialflug GmbH wurde im Handelsregister unter der Nummer 651 registriert. Mit der Unterstützung des Leiters des Luftfahrtbundesamtes, Herrn Koplin, wurde Folgendes erreicht:

- Anerkennung als Luftfahrtunternehmen (BMV-Lizenz Nr. 46)
- Anerkennung als Luftfahrttechnischer Betrieb
- Verkehrsrechte für Regionalflüge von Berlin-Tempelhof
- BRD-Zulassungen für sechs Flugzeuge des Typs L 410 UVB, drei AN-2, sieben Hubschrauber Mi-8T
- Einsatzbereitschaft von sieben Luftbildmesskameras (neuester technischer Stand) und zwei Multispektralkameras mit Auswertungstechnik
- Lizenzierung des gesamten technischen und fliegerischen Personals.

Die Berliner Spezialflug GmbH machte vom 3. Oktober 1990 bis zur Privatisierung am 23. Juli 1991 einen Umsatz von etwa 13 Millionen DM, einen Gewinn von etwa 1 Millionen DM vor Steuern und sah einen Personalabbau von 315 Mitarbeitern auf 240 Mitarbeiter (ohne Kündigung durch die Vermittlung an andere Unternehmen) vor. Mit diesen wirtschaftlichen Ergebnissen wurde bei der Treuhandanstalt die vorgesehene Liquidierung verhindert und eine Privatisierung erzwungen. Der THA lagen sechs Kaufangebote vor. Bewusst erschwert wurde die Privatisierung durch die Enteignung von Grund und Boden. Einflussreiche Interessengruppen hatten Bedarf angemeldet. Kapitalkräftige Investoren wurden damit abgeschreckt. Zur Zwischenbilanz zum 31. Juli 1991 konnte eine Bilanzsumme von 7,3 Millionen DM als gesichert erwartet werden. Die Privatisierung der BSF erfolgte am 23. Juli 1991. Der Kaufpreis betrug 1 DM. Vor dem beauftragten Notar Bernd Kopplow erschien am Kurfürstendamm 212 zur Beurkundung des Kauf- und Abtretungsvertrages ein Vertreter der THA als Verkäuferin und ein Vertreter der Piper Generalvertretung Deutschland AG als Käuferin. In § 1 Absatz 2 steht: Die Verkäuferin verkauft den voll eingezahlten Geschäftsanteil von nominell 50.000 DM an die Käuferin und tritt denselben an die Käuferin ab. Der § 4 Absatz 1 lautet: Der Kaufpreis beträgt 1 DM.

Bundeswirtschaftsminister Günter Rexroth (FDP) sieht die Geschichte der THA als Erfolgsstory. Im Interview mit der „Berliner Zeitung“ sagte er: „Zwar seien im Einzelfall auch Fehler gemacht worden, dennoch habe es die Treuhand geschafft, aus maroden DDR-Staatsunternehmen auf geschrumpften Niveau wieder konkurrenzfähige Betriebe zu machen.“

Mit dem Verkauf des BSF am 23. Juli 1991 wurden die Baupläne zum Single-Airport BBI/BER sichtbar.

Auf dieser Sandfläche stand der auf Seite 91 gezeigte Betrieb FIF.

Der Zusammenhang zwischen Liquidation der IF und dem Bau des BER wird nun sichtbar.

INTERFLUG

7.

Beginnende Kooperation der Interflug mit der Lufthansa AG

◂ Die Übergabe des ersten Airbus A-310 in Toulouse. Der Generaldirektor der Interflug, Dr. Klaus Henkes (in Uniform), mit Vertretern der Geschäftsführung von Airbus Industrie.

Der alte Kurs 2000 und der neue Kurs 2000. Auf Vermittlung des bayerischen Ministerpräsidenten Franz Josef Strauß kaufte die DDR drei Airbusse A310.

Die Entwicklung des Betriebes Verkehrsflug wurde durch das Fehlen geeigneter Flugzeugtypen zur Modifizierung der Flotten gehemmt. Gravierend war der Rückstand der sowjetischen Triebwerksbauer zum Weltniveau. Die UdSSR konnte nicht liefern und die westlichen Länder hatten eine Embargoliste für Highway-Techno-Güter. Die neue Ostpolitik führte schrittweise zur Annäherung, dann zur Kooperation und später zur deutschen Wiedervereinigung.

Auf Vermittlung des bayerischen Ministerpräsidenten Franz Josef Strauß kaufte die DDR drei Airbusse A310. Das Geschäft basierte auf Gegenseitigkeit: Der westeuropäische Hersteller, aber auch die amerikanische

Das historische Roll-Out der DDR-ABA. Den Abnahmeflug vollzog Chefpilot Gerd Radig.

Die A 310 war der Ablösetyp für die IL-62.

Die neue Flugtechnik vor der neuen Passagierabfertigung.

Firma Boeing suchten den Einstieg in den osteuropäischen Markt. Die Airbusse wurden nach den Bedürfnissen der Interflug bei Airbus Industrie in Toulouse zur A310-304 mit größerer Reichweite weiterentwickelt. Leichtere Tragflächen mit verändertem Profil (transonische Flügel), vollautomatisierte Flugzeugführung, die Steuerung nach dem Fly-by-Wire-Prinzip (Fliegen per Kabel), d.h. Wegfall aller mechanischen Steuergestänge, ein verbessertes Bremssystem, der Einbau eines Trimmtanks im Höhenleitwerk sowie der Einsatz von leichteren Verbundwerkstoffen bei nichttragenden Bauteilen waren Maßnahmen, um die Flugziele Bangkok, Singapur, Peking und Havanna als Nonstop-Flug bei voller Passagierauslastung (208 Sitze, 42 in der Club Class, 166 in der Economy Class)

erreichen zu können. Zwei Kabinengänge sorgten für Bewegungsfreiheit im Normal- und Notfall. Den Passagieren standen eine mehrkanalige Bordmusikanlage, ein Video-Monitor-System und sechs Toiletten zur Verfügung. Bestandteil des Vertrages war die Ausbildung der Besatzungen beim Hersteller, die Streckeneinweisung der Piloten und die technische Wartung bei der Lufthansa AG. 1989 erfolgten die Übernahme und Indienststellung der drei Flugzeuge. Damit halbierte sich der Treibstoffverbrauch, man ging vom Vier-Mann- zum Zwei-Mann-Cockpit über, die Leistungsdaten verbesserten sich deutlich und die Passagiere schätzten den gesteigerten Komfort. Die A310 war wesentlich wirtschaftlicher zu betreiben. Die Interflug hatte damit eine gesicherte Perspektive.

Vorbereitung zum Start.

Kontrolle der Verdichterschaufeln durch die Abteilung Flugtechnik.

Dieser Airbus wurde am 29. Juni 1990 von Flugkapitän Gerd Radig von Toulouse nach Berlin-Schönefeld überführt. Am 25. September 1990 startete er mit dieser Maschine mit der Kennung DDR-ABB nach Larnaka und landete am Tag der Deutschen Einheit mit der Kennung D-AOAB im wiedervereinigten Deutschland.

Erklärung über die Zusammenarbeit zwischen der DEUTSCHEN LUFTHANSA AG und INTERFLUG GmbH – 19. Januar 1990

1. INTERFLUG und die DEUTSCHE LUFTHANSA werden ihre erfolgreiche Zusammenarbeit fortsetzen, ausdehnen und intensivieren. Sie gehen dabei von folgenden Prinzipien aus:

- LUFTHANSA und INTERFLUG arbeiten als zwei selbständige Luftverkehrsgesellschaften zusammen, um die Qualität ihrer Dienstleistungen im Interesse der Kunden zu verbessern sowie die Wirtschaftlichkeit ihres Flugbetriebs und die Marktpositionen beider Unternehmen zu stärken.
- Auf der Grundlage einer „Vertragsgemeinschaft" werden partnerschaftlich gemeinsame Projekte zwischen INTERFLUG und LUFTHANSA entwickelt, die zusätzliche Marktsegmente und Kooperationsfelder erschließen.
- LUFTHANSA und INTERFLUG wirken auf die Beseitigung aller künstlichen Schranken hin, die den Luftverkehr zwischen beiden deutschen Staaten einschließlich Berlins behindern.

2. Die Zusammenarbeit konzentriert sich gegenwärtig auf die folgenden Projekte:

- Linienkooperation Passage: Der Linienverkehr zwischen beiden deutschen Staaten soll systematisch ausgebaut werden. Darüber hinaus sollen internationale Streckenvorhaben beider Unternehmen gemeinsam entwickelt werden. Eine entsprechend enge Zusammenarbeit im Vertrieb ist hierzu unverzichtbar.
- Linienkooperation Fracht: Zur Deckung des Bedarfs an zusätzlichem Frachtaufkommen wird die bereits bestehende Zusammenarbeit im Frachtgeschäft angemessen erweitert. Durch begleitende Kooperationsprojekte aus allen Bereichen der Frachtlogistik wird diese Kooperation modern und leistungsfähig gestaltet.
- Charter: Zur Erschließung neuer Chartermärkte wird eine enge Kooperation durch ein gemeinsames Charterunternehmen angestrebt.
- Catering: Zur Bedienung der wachsenden Nachfrage nach qualitativ hochwertigen Cartering–Dienstleistungen wird eine durch INTERFLUG, die LSG Lufthansa Service und MITROPA gemeinsam getragene „Interhansa Service"-Cateringgesellschaft gegründet.
- Training und Schulung: Beide Gesellschaften streben eine enge Zusammenarbeit auf allen Ebenen des Trainings und der Schulung ihres fliegenden und im Kundenservice tätigen Personals an. Hierzu gehört der gemeinschaftliche Betrieb eines Simulators für den Airbus A 310 in Berlin-Schönefeld. Er wird im Rahmen eines zu gründenden „Interhansa Simulator Zentrums Berlin" betrieben. Außerdem ist die Nutzung von Trainingseinrichtungen der INTERFLUG durch die LUFTHANSA-Verkehrsfliegerschule Bremen vorgesehen.
- Software: Zur Steigerung der Effizienz sowie zur wechselseitigen Nutzung des bei beiden Partnern vorhandenen entsprechenden Know-hows wird eine Software-Entwicklungsgesellschaft „Interhansa Software GmbH" gegründet. Sie soll vor allem Anwender-Software für die Reise- und Verkehrsbranche zur Verfügung stellen.
- Technik: Die Zusammenarbeit in der Flugzeuginstandhaltung (Wartung, Überholung, Materialbeschaffung) und in der wechselseitigen Nutzung von Kapazitäten soll über die bereits erfolgreiche Kooperation hinaus intensiviert werden.
- Flughäfen und Abfertigung: Beide Partner werden beim Ausbau und Betrieb bestehender Flughafenanlagen sowie bei der Planung des neuen internationalen Flughafens Berlin und neuer Flughafenhotels zusammenarbeiten.

Berlin, am 19. Januar 1990

Diese Erklärung wurde in der Betriebszeitung „Start" Nr. 2/90 veröffentlicht. Am 6. Juli 1990 erfolgte die Vertragsunterzeichnung.

Der freie Flug
des Menschen-
eine Vision
von Frieden
und Völkerversöhnung
Otto Lilienthal

8.

Der Übergang zur Marktwirtschaft

◂ Dieser Lilienthal-Spruch war das Motto des fliegenden Personals der Interflug: „Der freie Flug des Menschen – eine Vision von Frieden und Völkerversöhnung". Die Lufthansa ließ ihn beseitigen.

Unterzeichnung des Vertrages zwischen der Interflug und der Lufthansa am 6. Juli 1990.

Die neue Abteilung „Presse und Information“ veröffentlichte in ihrer Ausgabe 1/1990 Folgendes in der „Interflug compact“: „Interflug vollzieht gegenwärtig den Schritt von der Kommandowirtschaft zur Marktwirtschaft. Dies drückt sich unter anderem in der grundlegenden Änderung der Unternehmensstruktur und -strategie sowie in der Hinwendung zur internationalen Arbeitsteilung und Zusammenarbeit aus. Von entscheidender Bedeutung wird sein, wie schnell und in welchem Umfang es Interflug gelingen wird, den vorhandenen Flottenbestand weiterhin zu modernisieren, um das künftige Streckennetz durchgängig mit wirtschaftlich effizienten und komfortablen Maschinen bedienen zu können. Nur so kann Interflug die bestehenden Marktpositionen behaupten bzw. ausbauen. Zur Zeit verfügt Interflug über 3 A-310, 11 IL-62M, 17 TU-1 34A, 5 IL-18 zur Passagierbeförderung und zwei IL-18 für den Frachttransport. Interflug unterhält 69 Fluglinien zu 51 Flughäfen in 37 Ländern. 19 Luftverkehrsunternehmen fliegen den Flughafen Schönefeld und 23 die DDR-Flughäfen an. Dazu wurde ab dem 2. Mai 1990 eine neue Geschäftsführung berufen:

- als Hauptgeschäftsführer Dr. Andreas Kramer,
- als Geschäftsführer Marketing und Verkauf Dr. Jürgen Berger,
- als Geschäftsführer Technik Dr. Klaus-Dieter Bergner,
- als Geschäftsführer Betrieb und Verkehr Matthias Prokoph,
- als Geschäftsführer Personal und Soziales Kurt Zube.

Der gemeinsame Winterflugplan.

Ab dem 2. Mai 1990 wurde die DDR als 163. Staat Mitglied der ICAO (International Civil Aviation Organisation). Zum 1. Juli 1990 war der Beitritt zur IATA (International Air Transport Assoziation) vorgesehen. Im Rahmen dieser Zielstellung muss Interflug auch das bisherige System der Wartung und Instandhaltung umgestalten. Dazu sollten die Kontakte zu Firmen der Luftfahrtindustrie und zum Bereich Technik der Lufthansa intensiviert werden. Vorteile für Interflug sind in diesem Zusammenhang die günstige geografische Lage der DDR und die neuen Rahmenbedingungen, die sich bei der Ausprägung des Flughafens Schönefeld zu einem Luftkreuz in Europa ergeben.

Koordinierungsbüro gegründet

Zur Abstimmung der am 19. Januar 1990 auf einer gemeinsamen Pressekonferenz besiegelten Zusammenarbeit zwischen Interflug und Lufthansa zur Verwaltung bereits bestehender Tochterunternehmen sowie zur Anbahnung neuer Projekte wurde bei der Interflug ein Koordinierungsbüro gegründet.

TUI und Interflug kooperieren

Eine Vereinbarung zur Gründung eines gemeinsamen Reiseveranstalters TransEuropa haben das Reiseunternehmen TUI und Interflug unterzeichnet. TransEuropa arbeitet bereits seit April 1990 und bietet Reisen nach Mallorca/Spanien, Hammamet/Tunesien, Marmaris/Türkei und nach Singapur an. Buchungen sind möglich über die Verkaufsbüros der Interflug: Stadtbüro Berlin Alexanderplatz 5, Stadtbüro Leipzig – Sachsenplatz 1, Stadtbüro Dresden – Rampische Straße 2, Stadtbüro Erfurt – Herrmann-Jahn-Straße 6.

Agrarflugplätze werden umprofiliert

Die Agrarflugwerften an den Verkehrslandeplätzen bereiten sich auf Pflege-, Wartungs- und Instandhaltungsarbeiten für Privat- und Geschäftsflugzeuge des In- und Auslands vor.

Der Betrieb FIF der Interflug erhielt Auftrag in Millionenhöhe

Laut Auftrag des Ministeriums für Umweltschutz der DDR vom März 1990 in Höhe von 3,8 Millionen Mark sollten von 18 ausgewählten Sperr- und Naturschutzgebieten Luftbildaufnahmen zur Auswertung erstellt werden.“

Weitere geplante Ausgaben von „Interflug compact“ wurden Opfer der Liquidation.

8.1 Bilder der Lufthansa AG erinnern an die Zusammenarbeit

Am 30. August 1984 nahm die Lufthansa den Messeverkehr zwischen Leipzig und Frankfurt auf.

Am 3. Februar 1990 eröffnete die Interflug die Linie Dresden–Köln.

Am 28. Oktober 1990 fand der erste Linienflug der Lufthansa nach Berlin-Tegel statt.

Empfang von Spitzenpolitikern zur Linieneröffnung in Tegel.

8.2 Bilder der Interflug erinnern an die Zusammenarbeit

Interflug und Lufthansa in Berlin-Schönefeld.

Gemeinsame Pressekonferenz der Interflug und der Lufthansa am 19. Januar 1989.

Zusammenarbeit der Interflug und der Lufthansa im Jahr 1990.

Vertreter beider deutschen Fluggesellschaften bekennen sich zur gemeinsamen Vergangenheit.

Interhansa – ein gemeinsames Unternehmen.

INTERF
TU 134 A

9.

Die Liquidierung der Interflug

◂ Am 30. April 1991 startete Flugkapitän Klaus Petzold mit Co-Pilot Axel Zinner und Navigator Heinz Lindner sowie den Stewardessen Doris Bolte, Monika Heine und Petra Gosnik zum letzten Flug der Airline Interflug. Mit der TU-134A D-AOBC und der Liniennummer IF 521 von Wien kommend erfolgte um 20.45 Uhr die letzte Landung auf ihrem ehemaligen Zentralflughafen Berlin-Schönfeld.

Das Haus des Reisens am Alex – das Stadtbüro der Interflug in Berlin.

Das Interflug-Personal erlebte 1991 im Haus des Reisens die Liquidierung. Die Treuhandanstalt saß im Nebengebäude (Haus der Elektrotechnik).

Erst Jahre nach der „Wende" wurde bekannt, dass die Regierung der Bundesrepublik für den Fall einer deutschen Wiedervereinigung nicht „völlig überrascht" war, sondern sehr wohl einen detaillierten Plan in der Schublade hatte. Der ehemalige Direktor des Fliegertrainingszentrums (FTZ), Ingo Sedding, recherchierte die Hintergründe dazu und stellte fest, dass Adenauer bereits 1951 einem erfahrenen „Experten" auf diesem Gebiet den Auftrag erteilt hatte, einen solchen Plan zu erarbeiten: den früheren Reichskommissar Hitlers, Dr. Friedrich Ernst, der von 1939 bis 1941 für die Verwaltung feindlichen Vermögens in den eroberten Ostgebieten verantwortlich war. Er und sein Nachfolger, der frühere Vertriebenenminister Dr. Gradl, leiteten einen aus 35 Arbeitsgruppen bestehenden „Forschungsbeirat für Fragen der Wiedervereinigung Deutschlands", der über all die Jahre akribisch eine Methodik zur Wiederherstellung kapitalistischer Verhältnisse in der früheren DDR ausarbeitete. Die Ausführungen sollten dann einem „Oberen Rat" übertragen werden.

Im Gegensatz dazu hatte die Modrow-Regierung die Treuhandanstalt (THA) ins Leben gerufen, in deren Hauptverantwortung eine sozialverträgliche Umgestaltung der DDR-Wirtschaft liegen sollte. Nach dem Anschluss der DDR an die BRD begann diese dann, die langfristig ausgearbeiteten Pläne Schritt für Schritt zu realisieren. Der Verantwortliche für die Rechts- und Fachaufsicht über die THA war der damalige Finanzstaatssekretär und spätere Bundespräsident Horst Köhler. Detlev Karsten Rohwedder, einst Staatssekretär in Bonn, danach Wirtschaftsmanager bei Hoesch, ab 3. Juni 1990 Vorsitzender dieser Anstalt, empfing am 11. September 1990 den Hauptgeschäftsführer der Interflug, Dr. Andreas Kramer, und sicherte ihm zu, die Interflug bis Ende 1991 sanieren zu wollen. Das, was folgte, beschreibt Ingo Sedding in seinem Artikel mit der Überschrift „Der große Raubzug".

Zu den Einmaligkeiten der Liquidation der Interflug zählt die Ablösung des Fachanwalts für Insolvenzrecht, Eckhard Müller-Heydenreich aus München, weil er die allseitig geprüfte Eröffnungsbilanz der Interflug kannte und eine gesicherte Überlebenschance sah. Sein Nachfolger wurde Rechtsanwalt Dr. Jobst Wellensieck aus Heidelberg. Im Buch „Die Treuhänder" von Michael Jürgs, ehemals Journalist beim „Stern", listet er auf Seite 337

Proteste der Belegschaft.

Besitzerwechsel auf Wunsch des Bundeskanzlers Helmut Kohl.

INTERFLUG

[INTERFLUG GmbH i. L. Flughafen Berlin-Schönefeld O-1189]

BMV
LR 12

FAX 0228 300 7709

Gesellschaft für internationalen Flugverkehr mbH i. L.
Flughafen Berlin-Schönefeld O-1189

RA Dr. Jobst Wellensiek
Liquidator

Ihre Zeichen	Ihre Nachricht vom	Hausruf	Unsere Zeichen	Datum
				30.4.91

LR 12/20.00.80-00
Ihr Fax vom 26.4.1991

Schreiben des Flottenchefs A310 vom 19.4.91 an Herrn Bundesminister Prof. Dr. Krause

Sehr geehrter Herr Bartkowski,

im Auftrag von RA Dr. Wellensiek übermittle ich Ihnen folgende Stellungnahme zur evtl. Verwendung.

Aufgrund der Entscheidung des Herrn Bundeskanzlers, übermittelt von Herrn Staatssekretär Dr. Pfahls am 29.4.91, die A310 Flugzeuge bei der Flugbereitschaft der Bundeswehr einzusetzen, bietet sich für Interflug Personal, insbesondere für Piloten, die Möglichkeit einer Bewerbung an den Bundesminister der Verteidigung.

Bekanntlich hat das Bundesministerium der Verteidigung der Einstellung einer Anzahl von Flugbesatzungen zum Betrieb des Flugzeugtyps IL-62 zwischenzeitlich zugestimmt. Ähnlich könnte nunmehr mit einem Teil der A310-Besatzungen verfahren werden.

Hiermit kann das von Herrn Köhler angesprochene Problem der Kurzarbeit nach Einstellung des Flugverkehrs ab 30.4.91 für Flugbesatzungen relativiert werden.

Member of IATA

Handelsregister 35235 beim Amtsgericht Charlottenburg (Berlin) — Telex: 112891 Telefon: 67 20 — Telefax: 6788292/8273 BTX: *36363630# — Berliner Stadtbank Ag, Konto 665-15-659 Postscheckamt Berlin, Konto 3169

Am 30. April 1991 verfasste der Liquidator Dr. Jobst Wellensieck dieses Schreiben an Bundesminister Prof. Krause. Am Tag des letzten offiziellen Fluges der Interflug wurde das Anliegen des Bundeskanzlers an das BMV weitergeleitet.

Nach dem Verkauf folgte das Verschrotten.

Aus der Traum.

auf, was die „Besten 10“ der Liquidatoren an Vergütung erhielten. Auf Platz 3 rangiert Wellensieck mit 11.943.498 DM, für die Interfluglidation erhielt er sechs Millionen DM.

Gemeinsam mit dem Herausgeber des Verlages „Das Neue Berlin“ erreichte der Autor Klaus Breiler, dass der abgelöste Fachanwalt für Insolvenzrecht, Herr Müller-Heydenreich, die Rolle des Vorstands der Lufthansa AG verdeutlichte. Am 17. September 1990 konstituierte sich die Flughafen Berlin-Schönefeld GmbH (FBS), womit der Heimatflughafen aus der Interflug GmbH ausgegliedert wurde. Das war – unter der Flagge vermeintlich notwendiger Entflechtung – der Beginn der Enteignung. Eine Entflechtung dieser Art kannte der Konzernriese Lufthansa AG mit seinen über 400 Konzern- und Beteiligungsgesellschaften nicht. Die Rolle des Bundeskanzlers Helmut Kohl, des Bundesverkehrsministeriums, des Bundeskartellamts, der Treuhandanstalt, des Luftfahrtbundesamtes und der Lufthansa AG im konspirativen Wechselspiel endete mit dem Aus für die ostdeutschen Fluggesellschaften Interflug und Berline. Gleichzeitig wurde der Weg für den Bau des neuen Großflughafens in Schönefeld vorbereitet.

Der Historiker Lutz Budrass, Mitbegründer des Arbeitskreises für kritische Unternehmens- und Industriegeschichte und am Historischen Institut der Ruhr-Universität Bochum tätig, hat in seinem Buch „Adler und Kranich" die Geschichte der Lufthansa bis 1955 aufgearbeitet. Die Autoren und Zeitzeugen dieser Geschichte der Interflug, die kurze Scheinehe mit der Lufthansa, die Zusammenarbeit des Liquidators mit dem Lufthansa-Beraterteam und der Zusammenhang zwischen der Entflechtung der Interflug und dem Bau eines innerstädtischen Großflughafens wird am Beispiel der Enteignung und Beseitigung der Berliner Spezialflug GmbH mit historischen Bildern gezeigt.

Warum fehlen die Liquidationsunterlagen der THA und der Bundesanstalt für vereinigungsbedingte Sonderaufgaben im Bundesarchiv trotz Bundesarchiv- und Informationsfreiheitsgesetz? Wer die Reise von der Lufthansa Ost zur Interflug und schließlich zur Lufthansa AG erlebt hat, stellt fest, dass es an der Zeit ist, dass Historiker die kritische Aufarbeitung und Auseinandersetzung mit der deutschen Einheit auch auf dem Gebiet der ostdeutschen Luftfahrtgeschichte fortsetzen.

Markus Meckel, Bürgerrechtler und letzter DDR-Außenminister, im Interview mit der „SUPERillu", 02/2018: „Man hätte so manches mehr aus der DDR mit in die Einheit nehmen können. Das umstrittene Prinzip ‚Rückgabe vor Entschädigung' hat die Investitionen im Osten behindert und zu einem immensen Vermögenstransfer von Ost nach West geführt. Viele Privatisierungsentscheidungen der THA waren schlimm. Da bekam oft der letzte Verlierer aus dem Westen für einen Apfel und ein Ei den Zuschlag. Während es durchaus kompetente Ostdeutsche mit guten Konzeptionen gab. Oder nehmen Sie die westlichen Unternehmen, die ihre Ostkonkurrenz aufkauften, um deren Märkte zu übernehmen und an der Produktion selbst gar kein Interesse hatten. Die riesige Schar der Arbeitslosen, von der Altersarmut bedroht, trägt bis dato die größte Last der deutschen Wiedervereinigung."

Wenn aus Ohnmacht blanke Wut wird

Heute wird der INTERFLUG das Aus angedroht, morgen den Schiffsbauern unserer Werften, dann wird die Akademie der Wissenschaften evakuiert, die Metaller werden irgendwann dran sein, Jena, die Textilindustrie und die Landwirtschaft …

Wenn ich an den Morgen des 10. November 1989 denke, als ich vom Fall der Mauer erfuhr, schoß mir so etwas Ähnliches durch den Kopf, das meistgebrauchte Wort in diesem, meinem Landesteil war zu der Zeit: WAHNSINN. Nicht, daß ich etwa gegen eine Vereinigung der beiden Landesteile gewesen bin, aber die Voraussetzungen waren die denkbar ungünstigsten. Wir befanden uns bereits zur Zeit der Maueröffnung im West-Wahlkampf, worüber viele in unserem alten Lande wohl nicht so recht nachgedacht haben. Nur dadurch wurde es möglich, daß politisch dieser Rechtsdruck geschah.

Da zog ein Kanzler durch die Lande und versprach unseren Menschen, daß es keinem schlechter gehen werde, es haben ihm ja so viele geglaubt, und auch das war doch nur Wahlkampf. Ich bin der Meinung, daß alle Wessi-Ökonomen gewußt haben, was bei dieser Art Wiedervereinigung auf die Deutschen zukommt.

In der Praxis sieht es ja inzwischen so aus, daß kein Ex-DDR-Bürger was kann, keine Ausbildung was taugt, daß die „Brüder und Schwestern" nur am gestreckten Arm verhungern dürfen. Nur aus der Arbeit produktiv tätiger Menschen können Kommunen Gelder bekommen usw. Dieser Kreislauf ist gestört, und das ist er durch die Massenentlassungen, die vielen Arbeitslosen und Sozialhilfeempfänger. Ich habe den Eindruck, manifestiert auch durch den Einigungsvertrag, die Wessis interessieren sich nur für das Land, um expandieren zu können, die Menschen im Osten sind ihnen eher lästig.

Ist es nicht denkbar, daß alle Arbeitswilligen, alle Warteschleifler, Arbeitslose und Kurzarbeiter, es gibt nach vorsichtigen Schätzungen im Sommer etwa 50 Prozent in diesem, unserem Ostteil, aus ihrer Lethargie und Ohnmacht erwachen, sich zusammentun und es eine neue Revolution gibt? So kann man doch mit denkenden Menschen nicht umgehen, wird sind doch das Volk.

Armgard Stuck

Liebe Leserinnen und Leser!

Wir möchten uns heute, in unserer letzten Ausgabe der Mitarbeiterzeitung „Luftfahrt REPORT", bei Ihnen und allen fleißigen Schreibern für die jahrelange Treue bedanken.

Wir wünschen Ihnen alles Gute für die Zukunft.

Die Redaktion

Die Redaktion verabschiedet sich in der letzten Ausgabe der Mitarbeiterzeitung „Luftfahrt Report". Armgard Stuck war die leitende Redakteurin und Fotografin dieser Zeitung.

9.1 Das modernste Fliegertrainingszentrum Europas erhält die Lufthansa

Das Fliegertrainingszentrum im Fokus der Lufthansa AG.

Die Betriebsschule feierte 1986 25 Jahre Berufsausbildung durch die Interflug.

Trainingseinrichtungen des Fliegertrainingszentrums

Abfertigungstraining — Flugzeuge
Abfertigungstraining — Passagiere
Antihavarietraining
Auditorium
Ausdauer-Antiermüdungstraining
Betreuungstraining — Passagiere
Buchungstraining
Computertraining
Datenbanknutzung
Faksimilitraining
Fliegersport
Flugfunktraining
Flugleittraining
Flugmeldetraining
Flugmedizin
Flugsimulation IL-18
Flugsimulation TU-134
Flugsimulation IL-62
Flugtraining IL-18
Flugtraining TU-134
Flugtraining IL-62
Flugtraining A 310
Flugtraining AF — FIF
Fremdsprachentraining-Verhandlungen
Kommandosprachtraining
Lehrmaschinen-Lernen
Lektionssaal
Navigationstraining
Passagierinformationstraining
Physiotraining und Test
Prozeßleittraining
Psychotraining und Test
Reittraining
Risikotraining
Satellitennavigationstraining
Stimulationstraining
Streckenflugtraining
Terroristenabwehrtraining
Trainingsflugzeug IL-62
Überlebenstraining
Verhandlungstraining
Verkaufstraining
Wartungstraining Elektronik
Wartungstraining Flughäfen
Wartungstraining Funk und Geräte
Wartungstraining Hydraulik
Wartungstraining Triebwerk
Wartungstraining Zelle

Trainingseinrichtungen des FTZ.

Direktor Ingo Sedding (links) und Generaldirektor Dr. Henkes (Mitte) mit einem Vertreter der Flugzeugindustrie der UdSSR.

Stewardessenschulung.

Fluglotsen beim Training.

Das Luftbild zeigt die günstige Verkehrsanbindung des heutigen Simulatorzentrums (oben links).

9.2 Von der Interflug zur Lufthansa AG – eine persönliche Luftfahrtgeschichte

Zeitzeuge Ingo Sedding

1934 in Dresden geboren, lebte ich in drei deutschen Staaten. In meiner Autobiografie schildere ich persönliche Erlebnisse, zuletzt als Direktor des Fliegertrainingszentrums der Interflug (FTZ), zum Thema „Der Kranich und die Hoffnung" (Auszüge):

„In meinem Betrieb verhandelte Dr. Henkes als Generaldirektor der Interflug bereits seit Februar 1990 mit dem Vorstandsvorsitzenden der Deutschen Lufthansa AG, Herrn Ruhnau. Die Gespräche mit der Lufthansa machten rasch Fortschritte, schließlich ging es ja um Slots (Zeitfenster, in dem eine Fluggesellschaft einen Flughafen benutzen darf) in Berlin, von denen sie aufgrund von internationalen Abkommen nach dem Krieg ausgeschlossen war und an die sie nun über die Interflug herankommen wollte. Es schien eine Liebesheirat zu werden, jedenfalls luden Prof. Ruhnau und seine Gattin ausgewählte Leitungskader der Interflug am 6. Juli 1990 in die Seegaststätte Schildhorn an der Westberliner Havel ein, übergaben uns dort je einen Beutel voller Geschenke, und man sprach davon, dass sich ‚deutsche Flieger gegenseitig nicht im Stich lassen'. Dann malte er die partnerschaftliche Zukunft beider Unternehmen in leuchtenden Farben. Ich war sehr beeindruckt.

Einige Zeit später bekamen Leitungskader der Interflug, die jetzt Führungskräfte hießen, westliche Dienstwagen gestellt. Auf einer Tagung in Dresden nutzte ich in einem persönlichen Gespräch die Gelegenheit, Vorschläge zur Arbeitsteilung mit den Lufthansa-Schulen zu unterbreiten. ‚Genau richtig, Herr Sedding! Arbeiten Sie das unbedingt weiter aus! Ich werde veranlassen, dass Sie eine Dienstreise zu allen Lufthansa-Schulen unternehmen, um die dortigen Spezialisten die effektivste Arbeitsteilung unserer Einrichtungen mit Ihrem Fliegertrainingszentrum zu beraten.' Donnerwetter, war das ein Erfolg! Und welch schnelle Entscheidung des obersten Chefs dieses Riesenunternehmens Lufthansa! Ich konnte mein Glück kaum fassen.

Zwei volle Wochen tingelte ich also als Dienstreisender in der Bundesrepublik umher. Ich lernte recht schnell, dass man hier auf dem Sektor der Aus- und Weiterbildung auch nur mit Wasser kocht, für meine Begriffe sogar mit zu viel Wasser. In meinem Zentrum gab es längst keine Wandtafeln mehr und die hier offensichtlich immer noch beliebten Overhead-Projektoren hatten wir weitgehend durch computergesteuerte Bildschirme ersetzt. Daheim in Schönefeld arbeitete ich noch meinen Bericht samt Schlussfolgerungen und Verschlägen aus, als plötzlich, über Nacht und wie von Geisterhand alle telefonischen Verbindungen zur Lufthansa taub waren.

Die amerikanische Pan Am war bankrott und Lufthansa konnte ihr für 150 Millionen Dollar neben den alten B727-Flugzeugen auch die Flugrechte für alle 74 täglichen innerdeutschen Flüge von Berlin abkaufen. Prompt ließ der Lufthansa-Vorstand die 7.611 ‚lieben Mitarbeiter der Interflug' fallen wie glühende Kohlen. Sie hatten ihre Schuldigkeit getan, insbesondere als auch bereits längerfristige Verträge für die Nutzung der Wartungsbasis

Das Fliegertrainingszentrum trug die Handschrift von Direktor Ingo Sedding.

im Südteil des Flughafens Schönefeld unterschrieben worden waren. Ende 1990 erklärte man einfach die alliierten Luftkorridore zu Luftstraßen, und die Verantwortung für den Luftverkehr ging auf die BRD über.

Mein FTZ, an dessen Entwurf und Ausbau meine Mitarbeiter und ich zehn Jahre mit größter Energie gearbeitete hatten und in das die DDR 100 Millionen Mark investiert hatte, wurde ebenfalls ‚abgewickelt'. Man zwang mich, die Kündigungen für die meisten meiner langjährigen Mitarbeiter auszusprechen und die hochwertige technische Ausstattung zu verhökern. Ich litt unter der maßlosen Arroganz, die in den Chefetagen des Lufthansa-Konzerns damals vorherrschte. Schließlich konnte ich die Erniedrigungen nicht mehr ertragen. Ich schlug ein Übernahmeangebot der Lufthansa aus, fand mich ab mit einer vergleichsweise geringen ‚Abfindung' für meine fast 30-jährige Tätigkeit bei der Interflug und ließ mich auf das mir als ‚kulant' gepriesene Angebot ein, an meinem 59. Geburtstag in den vorzeitigen Ruhestand zu gehen, natürlich mit dem Verlust von sechs Rentenjahren für die Berechnung meiner (Ost-)Rente. Das Wort ‚Rentner' ist ein Palindrom, man kann es vorwärts und rückwärts lesen. Ich versuchte zu begreifen, dass ich auf ein Gleis geraten war, bei dem vorwärts oder rückwärts egal ist: das Abstellgleis."

9.3 Historische Dokumente

Brief des Bundesministeriums für Verkehr an den Präsidenten der Treuhandanstalt Dr. Rohwedder vom 27. August 1990.

Brief des Bundesministerium für Verkehr an den Präsidenten der Treuhandanstalt Dr. Rohwedder vom 27.08.1990

Zur besseren Lesbarkeit die Abschrift des Originals:

BMV
- Der Sts –
LR 11/00.15/56 Va 90

Bonn, den 27.8.1990

An den
Präsidenten der Treuhandanstalt der DDR
Herrn Dr. Detlev K. Rohwedder
Haus der Elektrotechnik
Alexanderplatz 6
1036 Berlin

Über TTX abgesetzt
Nz-----Datum-------

Entflechtung der Interflug GmbH
- Übertragung der Flughäfen

Sehr geehrter Herr Dr. Rohwedder!

Auf das BMV- Schreiben vom 2. August 1990
- LR 11/ 00. 15 – nehme ich Bezug.

Bei den morgigen Verhandlungen über die Entflechtung der Interflug besteht seitens den neu zu gründenden Teilgesellschaften auch großes Interesse an dem käuflichen Erwerb derjenigen Liegenschaften auf den DDR- Flughäfen, auf denen sich Gebäude und Einrichtungen von Interflug- Fluggesellschaft, - Agrarflug und –Bildflug befinden. Dabei besteht die Gefahr, dass die heute zusammenhängenden und arrondierten Flughafengeländen zerstückelten werden und damit der Spielraum für die notwendige Fortentwicklung der Flughäfen behindert wird. Nach dem Muster der Flughäfen in der Bundesrepublik Deutschland sollten deshalb die Flughafengesellschaften Grundstückseigentümer „innerhalb des Flughafenzaunes“ bleiben.

Besonders aktuell ist diese Frage für die Flughäfen Berlin- Schönefeld, Dresden und Leipzig.

Die Flughafengesellschaften sollten unverändert all die Liegenschaften im Flughafengebiet „innerhalb des Zaunes“ zu Eigentum oder zur Nutzung erhalten, die bisher von Interflug benutzt worden sind (einschließlich des Verwaltungsgebäudes in Schönefeld).

Mit freundlichen Grüßen
In Vertretung
Dr. Haldmann++++

Brief der Geschäftsführung der Interflug, Dr. A. Kramer, an Prof. Dr. Liehmann von der Treuhandanstalt vom 30.08.1990

Zur besseren Lesbarkeit die Abschrift des Originals:

Treuhandanstalt
Professor Dr. Liehmann

Alexanderplatz 6
Berlin
1020

2741 Kp Ei /35/90 30.Aug.1990

Sehr geehrter Herr Professor Liehmann!

Als Anlage übergebe ich Ihnen die durch die Geschäftsführung der Interflug erarbeiteten Vorlagen für die Entflechtung der Interflug.

Die Vermögenszuordnung wurde entsprechend den Festlegungen der Beratung vom 28.08.90 verändert. Damit erhält die Flughafen Schönefeld GmbH alle am Standort Schönefeld vorhandenen Vermögenswerte an Gebäuden sowie Grund und Boden.

Die Geschäftsführung hält diese Zuordnung nicht für angemessen, da sie defakto eine Enteignung der Fluggesellschaft sowie der bisherigen Betriebe Agrarflug und Fernerkundung, Industrie- und Forschungsflug darstellt.
Für die Fluggesellschaft entsteht dadurch die Gefahr einer Unterkapitalisierung. Bei den beiden übrigen Gesellschaften ist diese Zuordnung insofern ungerecht, da sie ihre Verwaltungsgebäude selbst errichtet und finanziert haben, die entsprechenden Flächen bis dahin überhaupt nicht zum Gelände der Interflug gehörten.

Ich bitte Sie, unter diesem Aspekt die getroffene Entscheidung nochmals zu überdenken.

Hochachtungsvoll

(Unterschrift) Kramer

Anlage

Brief vom Geschäftsführer der Interflug, Dr. Kramer, an die Treuhandanstalt vom 30. August 1990.

Inter-Consult Berlin
GmbH

Inter-Consult Berlin GmbH c/o TVA Berlin e. V.
Kleiststraße 23-26 · D-1000 Berlin 30

Zweigniederlassung DDR
Suermondtstraße 9
DDR 1092 Berlin

2228/Kr

INTERFLUG
Hauptgeschäftsführer
Eing.: 15. OKT. 1990
Tgb.-Nr.: 2229 K
Zur Bearbeitung an: ...
Termin: ...
Ablage: ...

Interflug GmbH
Dr. Kramer
Flughafen Berlin-Schönefeld
0-1189 Berlin

Ihr Zeichen: | Ihre Nachricht vom: | Unser Zeichen: | Durchwahl: | Datum:

Berlin, den 12. 10. 1990

A n g e b o t

1. Inter-Consult Berlin (ICB) ist bereit, Interflug bei der Modernisierung/Erneuerung ihrer Flotte zu unterstützen.

Zu diesem Zwecke bietet ICB Interflug an:

- Übernahme des Altbestandes
  8 Maschinen IL 62 und eventuell 16 TU 134
  Kurs von 1 XTR = 2 DM in Abhängigkeit von dem durch Inter-Consult Berlin GmbH oder Interflug GmbH erzielten Verkaufspreises.
- Zurverfügungstellung von 8 Boeing 737, einschließlich Ausbildung und Einweisung für 4 Besatzungen je Flugzeug, (4 x 300, 4 x 500) im Rahmen eines Leasing-/Mietvertrages üblichen Inhalts zu einer Rate von US-$ 250.000,--/Monat (300) und US-$ 230.000,--/Monat (500). Laufzeit 5 Jahre oder länger.

VF-BT FT / HAL PV
Eing. 18 OKT 1990
Tgb.-Nr. 1258/...
Zur Bearb. an: ...

Vorgesehener Lieferzeitraum : 2x Januar (500), 2x März (500)
4x Juni (300)
Spezifikation: normaler, internationaler Ausrüstungsstandard bei allen 8 Flugzeugen gleich.
Kabinenspezifikation nach Kundenwunsch möglich.
Triebwerk CFM 56

Wir bitten um wohlwollende Prüfung und gegebenenfalls die Auftragsbestätigung.

Inter-Consult-Berlin GmbH
c/o TVA Berlin e.V.
Kleiststraße 23-26 · D-1000 Berlin 30
Tel.: 030/2100 03 41/42 · Fax: 030/31 08 07

Angebot der Inter-Consult vom 12. Oktober 1990.

Niederschrift

über die Gesellschafterversammlung der Interflug, Gesellschaft für internationalen Flugverkehr mbH, Flughafen Berlin-Schönefeld in O - 1189 Berlin

---

Die Treuhandanstalt, Anstalt des öffentlichen Rechts, ist alleinige Gesellschafterin der

"Interflug Gesellschaft für internationalen Flugverkehr mbH".

Unter Verzicht auf alle Form- und Fristvorschriften fand am 1. 3. 1991, 11.00 Uhr, in den Räumen der Treuhandanstalt eine Gesellschafterversammlung statt, in der beschlossen wurde:

1. Die Gesellschaft wird mit Wirkung vom 1. 3. 1991 aufgelöst.
2. Die Geschäftsführer der Gesellschaft, die Herren Dr. Andreas Kramer, Dr. Klaus-Dieter Bergner, Kurt Zube, Matthias Prokoph und Dr. Hans-Jürgen Berger, werden abberufen.
3. Zum alleinigen Liquidator der Gesellschaft wird Herr Rechtsanwalt Eckhart Müller-Heydenreich, Schwanthaler Straße 32, W - 8000 München 2, bestellt.

Berlin, den 1. März 1991

Dr. Wild
Mitglied des Vorstandes

TREUHANDANSTALT Nr. 27 BERLIN

L. M. Tränkner
Direktor Abwicklung

oben links: Niederschrift der Treuhandanstalt vom 1. März 1991.
unten links: Niederschrift der Treuhandanstalt vom 7. März 1991.
unten rechts: Lufthansa-Einladung vom 23. September 1991.

Rechte Seite

oben links: Bericht des Lufthansa-Beraterteams zum Verkauf der IL-62M und der TU vom 18. Dezember 1991.
oben rechts: Brief von Eckhart Müller-Heydenreich an den Verlag Edition Ost vom 17. Juli 2007.
unten rechts: Rechtsanwalt Joachim Kurt 28. Februar 1997 zum Agrarflugplatz Leipzig-Mockau.
unten links: Schreiben von Rechtsanwalt Joachim Kurt an Dr. Wellensick vom 12. November 1992.

Begl. Abschrift

TREUHANDANSTALT

Niederschrift

Über die Gesellschafterversammlung der Interflug, Gesellschaft für internationalen Flugverkehr mbH i.L., Flughafen Berlin-Schönefeld in O - 1189 Berlin

---

Die Treuhandanstalt, Anstalt des öffentlichen Rechts, ist alleinige Gesellschafterin der

"Interflug, Gesellschaft für internationalen Flugverkehr mbH i.L.".

Unter Verzicht auf alle Form- und Fristvorschriften fand am 7.3.1991, 11.00 Uhr, in den Räumen der Treuhandanstalt eine Gesellschafterversammlung statt, in der beschlossen wurde:

1. Rechtsanwalt Eckhart Müller-Heydenreich, Schwanthaler Straße 32, W-8000 München 2, wird mit Wirkung vom 8.3.1991 als Liquidator abberufen.
2. Zum neuen Liquidator wird Rechtsanwalt Dr. Jobst Wellensiek, Blumenstraße 17, W-6900 Heidelberg, bestellt.

Berlin, den 7. März 1991

Dr. Wild
Mitglied des Vorstandes

TREUHANDANSTALT Nr. 5 BERLIN

Schirner
Mitglied des Vorstandes

49 69 696 5949 LH FRA OF FLIGHT CREW TRAINING 413 P01 27.09.91 11:48

Lufthansa

Deutsche Lufthansa Aktiengesellschaft | Ihre Zeichen | Unsere Zeichen/Datum | Telefon-Durchw.

Blumenstraße 17
6900 Heidelberg

INTERFLUG Liquidator
Eing.: 27. SEP. 1991

23.09.1991

Betr.: FTZ

Bezug: Meine Briefe vom 28.05. und 17.09.1991

Sehr geehrter Herr Dr. Wellensiek,

am 25. Oktober 1991 werden wir unseren neuen Airbus A 310 Simulator, der am 9. Oktober 1991 im FTZ in Schönefeld in Betrieb geht, der Öffentlichkeit vorstellen.

Bei dem Festakt, dem eine große Pressekonferenz vorausgeht, wollen und müssen wir Lufthansa Identität zeigen.

Um dies durchgängig sicherzustellen, bitte ich Sie im Vorgriff auf den hoffentlich bald vollzogenen Erwerb des FTZ durch Lufthansa, um die Erlaubnis, sowohl die Schriftzüge an der Ost- und Westfront der Simulatortürme, als auch die IL 62 schon jetzt entfernen zu dürfen. Das ganze auf unsere Kosten.

Den Schriftzug an der Westfront möchten wir durch einen Lufthansaschriftzug ersetzen.

Ich hoffe sehr, Sie spätestens bei der Einweihung zu treffen.

Mit freundlichen Grüßen

Deutsche Lufthansa AG
Bereichsleitung Training fliegendes Personal

Harms

LUFTHANSA-Beraterteam Schönefeld,18.12.1991

Bericht
Verkauf Flugzeuge der INTERFLUG,
Typen IL 62 M und TU 134 A

1.	**Vertragsabschluß:**	14.06.1991
	Lieferumfang:	**7 Stck. IL 62 M** Triebwerke, Ersatzteile, Ausrüstungen **15 Stck. TU 134 A** Triebwerke, Ersatzteile, Ausrüstungen
	Liefertermine:	IL 62 M 08/91 TU 134 A 10/91
	Vertragswert:	IL 62 M 6,0 Mill. USD TU 134 A 4,0 Mill USD
	Erfolgte Zahlungen bis 17.12.1991:	5,0 Mill. USD, davon 3,0 Mill. USD für IL 62 M, 2,0 Mill. USD für TU 134 A

2. **Ausstehende Zahlungen:**

Laut Vertrag ist die 3. Rate (50 %) = 5,0 Mill. USD, davon 3,0 Mill. USD für IL 62 M, 2,0 Mill. USD für TU 134 A, bis 05/92 zu zahlen.
Verhandlungen zur Zahlung dieser Summe bis 01/92 bei Gewährung eines Preisnachlasses bis max. 20 % sind noch nicht beendet.

Eckhart Müller-Heydenreich

Harthauser Str. 94
81545 München
Tel.: 089/648616
Fa.: 089/64256830 Tel.

Edition ost
Verlag und Agentur Ltd.
Postfach 24648

10128 Berlin

17. Juli 2007 MH/13641 Lau
Liquidation der INTERFLUG

Sehr geehrter Herr Schumann,

vielen Dank für Ihr Schreiben vom 24.6.2007. Ich darf Ihnen hierzu folgendes mitteilen:

Aufgrund des Schreibens von Herrn Klaus Breiler vom 23.1.2007 habe ich überprüfen lassen, ob in meinem Archiv noch Unterlagen über die Liquidation der Interflug vorhanden sind. Dies ist leider nicht mehr der Fall. Wie Ihnen bekannt ist, war ich nur für einen sehr kurzen Zeitraum Liquidator der INTERFLUG. Mein Nachfolger wurde mein sehr geschätzter Kollege Dr. Jobst Wellensiek. Aufgrund von mündlichen Informationen aus dem Führungsbereich der Treuhandanstalt gehe ich davon aus, dass ich aufgrund einer Intervention des Vorstandsvorsitzenden der Lufthansa abberufen wurde, die eine sofortige Einstellung des gesamten Flugbetriebs wünschte und über ihre politischen Kanäle betrieb, während ich mich dafür einsetzte, dass der Betrieb nicht in vollem Umfang eingestellt wurde, sondern nur insoweit; als dies aus Rentabilitätsgründen notwendig war. Diese meine Einstellung beruhte auf mündlichen Vorgaben der Treuhandanstalt, die ich ernst nahm, die jedoch entweder nicht ernsthaft gewollt waren, auf jeden Fall aber nicht durchgehalten wurde.

Im Hinblick darauf, dass die detaillierten Unterlagen zu meiner damaligen Tätigkeit nicht mehr vorhanden sind, kann ich bedauerlicherweise keine weiteren Angaben machen.

Mit freundlichen Grüßen

Müller-Heydenreich

INTERFLUG

INTERFLUG GmbH i. L. Flughafen Berlin-Schönefeld O-1189

Gesellschaft für internationalen Flugverkehr mbH i. L.
Flughafen Berlin-Schönefeld O-1189

Dr. Wellensiek & Partner
Herrn Rechtsanwalt
Dr. Jobst Wellensiek
Blumenstraße 17

W-6900 Heidelberg 1

Abteilung Recht

Ihre Zeichen	Ihre Nachricht vom	Hausruf	Unsere Zeichen	Datum
		2253/2480		12.11.1992

INTERFLUG
hier: Fliegertrainingszentrum

Sehr geehrter Herr Dr. Wellensiek,

die Lufthansa hatte in Ihrer Fliegerschule in Bremen bisher Ausrüstungsgegenstände aus dem Fliegertrainingszentrum in Nutzung. Das betraf insbesondere den Langstreckennavigationssimulator sowie diverse Meßmittel. In der Angelegenheit hatten Sie Herrn Harms von der Lufthansa am 26.08.1992 angeschrieben, und ihn aufgefordert entweder diese Geräte käuflich zu erwerben oder sie umgehend zurückzugeben. Mit Schreiben vom 08.10.1992 hat Herr Harms erklärt, daß bei der Lufthansa kein Kaufinteresse mehr besteht und die Geräte umgehend zurückgegeben werden. Dies ist bisher nicht erfolgt. Im übrigen sind die Geräte nicht wie von Herrn Harms dargestellt funktionsunfähig bzw. für die moderne Luftfahrt nicht mehr anzuwenden. Es handelt sich vielmehr hier um Ausrüstung, die im Zusammenhang mit der Betreibung der Airbusse A-310 genutzt wurde. Um die Sache zum Abschluß zu bringen, schlage ich Ihnen vor, den als Anlage beigefügten Brief an Herrn Harms zu senden.

Mit kollegialen Grüßen

Joachim Kurt
Rechtsanwalt

Anlage

Member of IATA

Handelsregister 35235 beim Amtsgericht Charlottenburg (Berlin) Telex: 112891 Telefon: 67870 Telefax: 6788292/8273 BTX: *36363630# Berliner Stadtbank Ag, Konto 7682 337 700, BLZ 120 205 00 Postgiroamt Berlin, Konto 652989-106

WELLENSIEK & PARTNER
RECHTSANWÄLTE
HEIDELBERG BERLIN DRESDEN ERFURT

RA. Joachim Kurt Chausseestraße 111 10115 Berlin

Rechtsanwälte
Wellensiek & Partner
Herrn RA Thomas Oberle
Blumenstraße 17

69115 Heidelberg

BERLIN
JOACHIM KURT
HEIDELBERG
DR. JOBST WELLENSIEK
DR. DR. rer. pol. W. SCHREIBER
UWE TONNECKER
ERNST L. HESS
ALFRED HAGEBUSCH
FALK HÄCKEL
HANS-WERNER JUNGBLUTH
FRITZ TREMMEL
THOMAS OBERLE
DR. GÖRAN BERGER
CHRISTOPH SCHOLL
CHRISTOPHER SEAGON
DRESDEN
PETER SCHOLL
ERFURT
HANS-CHRISTIAN SCHLESINGER

28.02.1997 D9/D405
29/94K06 ku
(Bitte stets angeben)

Fa. INTERFLUG
Grundstück „Neue Messe in Leipzig"

Sehr geehrter Herr Kollege Oberle,

das zum ehemaligen Agrarflugplatz in Leipzig-Mockau gehörende Teilgrundstück wurde der INTERFLUG nach Bewilligung seitens des BMF zugeordnet. Das Grundstück ist dann im Jahr 1992 an die Stadt Leipzig unter Regie der TLG veräußert worden.

Nach Information von Frau Friedrich ist der vereinbarte Kaufpreis in Höhe von DM 4.984.340,00 zwischenzeitlich bei der BvS eingegangen. Inwiefern darauf Zinsen zu zahlen waren und ob diese geleistet worden, wird auf Veranlassung von Frau Friedrich durch die zuständige Vertragsmanagerin geprüft.

Dessen ungeachtet besteht das Bestreben, gemäß dem Schreiben des Bundesministeriums der Finanzen vom 29.07.1992 den vereinnahmten Verkaufserlös an das Finanzvermögen des Bundes abzuführen.

HEIDELBERG Blumenstraße 17, 69115 Heidelberg, Telefon (0 62 21) 91 18-0, Telefax (0 62 21) 2 31 28, Telex 461 482 wejus d, Gerichtsfach 106
BERLIN Chausseestraße 111, 10115 Berlin, Telefon (0 30) 28 52 95-0, Telefax (0 30) 28 49 34 98
DRESDEN Theresienstraße 8, 01097 Dresden, Telefon (03 51) 80 86 1-0, Telefax (03 51) 80 86 1-50
ERFURT Anger 61, 99084 Erfurt, Telefon (03 61) 56 56 9-0, Telefax (03 61) 56 56 9-23
RA Fritz Tremmel zugleich Dipl.-Betriebswirt und vereidigter Buchprüfer
RA Dr. Göran Berger zugleich Steuerberater u. Fachanwalt für Steuerrecht
Berliner Bank Nr. 7780779000 (BLZ 100 200 00)

BER LINE

10.

Zeitzeugen der Luftfahrt erinnern sich

◂ Unter dem Namen Ber Line startete die Berlin Brandenburg Luftverkehrsunternehmen GmbH am 1. November 1991 zum Erstflug von Göteborg über Nürnberg nach Berlin-Schönefeld. Initiator und Geschäftsführer war Reinhard Knäblein, ein IL-18-Kommandant der Interflug, zusammen mit Wolfgang Kraus vom Luftverkehrsunternehmen LTU. Die Ber Line wurde so zur ersten gesamtdeutschen Airline. 1992/93 wurden zwei IL-18 in Ramenskoje als Frachter umgebaut. Mit Frachtluke und Rollboden für P1-Standardpaletten konnten zwölf Tonnen Fracht in 20 Minuten entladen werden. Mit zwei Fokker-100 von der französischen TAT geleast, wurden so 180 Arbeitsplätze geschaffen.

10.1 Der ungewöhnlichste Flug in der Luftfahrtgeschichte

Zeitzeuge Helmut Fleischer

Helmut Fleischer erinnerte sich im „Aerokurier“ 03/1991 an den Interflug-Protest per Flugzeug: „Leichter Nebel lag über dem Flughafen Berlin-Schönefeld, als am Morgen des 6. März ein voll besetzter Airbus A310 der Interflug startete und Kurs auf Köln/Bonn nahm. An Bord waren Mitarbeiter der Interflug, aber auch Arbeitnehmervertreter anderer Betriebe Ostdeutschlands, die Gefahr liefen, wie Interflug durch die Treuhandanstalt einfach liquidiert zu werden. Im Handgepäck eine Petitionsschrift zur persönlichen Übergabe an den Bundespräsidenten Richard von Weizsäcker.“ Sein Referent für ostdeutsche Länder nahm die Petition entgegen.

Diesen Verzweiflungsakt hatten sich die Betroffenen 20.000 DM kosten lassen, um ein Flugzeug der eigenen Gesellschaft zu chartern. Die Mitarbeiter der Interflug beabsichtigten mit ihrem „Flug auf Bonn“ die Aufmerksamkeit auf das Gebaren der Treuhand zu lenken, die Anfang März beschlossen hatte, die Interflug zu liquidieren. Der Bezirksvorsitzende der ÖTV Berlin, Kurt Lange, erklärte vor dem Protestflug: „Es ist eine Aktion der Interflug-Beschäftigten. An diesem Beispiel wird deutlich, wie die Treuhand mit den Betrieben der ehemaligen DDR umgeht. Wir werfen der Treuhand vor, dass die Liquidation der Interflug weder volkswirtschaftlich begründet noch betriebswirtschaftlich und sachlich nachgewiesen ist.“ Auch der Vorsitzende der Deutschen Angestelltengewerkschaft in Hamburg, Roland Issen, zugleich Mitglied des Aufsichtsrats der THA, sagte auf Anfrage, dass es keinen Sinn ergebe, Betriebe mit hochqualifizierten Mitarbeitern einfach aufzulösen. Wettbewerbsfähigkeit könne nur durch Sanierung erreicht werden. Wörtlich fügte er hinzu: „Das Treuhandgesetz sieht vorrangig die Privatisierung der ehemaligen Volkseigenen Betriebe vor. Wir sind der Meinung, dass damit der Situation nicht hinreichend entsprochen wird und fordern deshalb eine Novellierung des Gesetzes mit dem Ziel, die Sanierung mehr in den Mittelpunkt der Bemühungen der Treuhand zu stellen.“

Mit dem Artikel „Letzte Möglichkeit nutzend: Interflieger mit A310 nach Bonn“ endete die letzte Ausgabe der Mitarbeiterzeitung „Luftfahrt-Report“ am 13. März 1991. Am 1. Juli 1990 trat die Währungs-, Wirtschafts- und Sozialunion zwischen der DDR und der BRD in Kraft. Heute belegen statistische Unterlagen, dass über 2,5 Millionen arbeitsfähige junge Menschen in der Folgezeit ihre ostdeutsche Heimat verließen, da sie hier keine wirtschaftliche und soziale Perspektive mehr gesehen hatten. Zerstörte Existenzen und Massenarbeitslosigkeit endeten sowohl für manche Bürger der neuen Bundesländer als auch für einige Interflugmitarbeiter mit gesundheitlichen Handicaps oder sogar Suiziden.

Johannis Rau sagte in seiner Antrittsrede zum Bundespräsidenten am 1. Juli 1999 Folgendes: „Dabei sollten wir zehn Jahre nach dem Fall der Mauer nicht vergessen, dass die Menschen in der DDR ohne eigenes Verschulden die weitaus schwereren Lasten aus der deutschen Geschichte zu tragen hatten." Einige Monate später, am 28. Oktober 1999, schrieb Klaus von Dohnanyi in der „Zeit": „Wer in Freiheit lebt, ist schnell an sie gewöhnt. Doch zum Leben braucht der Mensch mehr als Freiheit: Arbeit, Sicherheit, Gerechtigkeit."

10.2 Wo blieben die Besatzungen der Interflug?

Zeitzeuge Siegfried Straub

Diplomingenieur und -philosoph Siegfried Straub, Jahrgang 1942, ist gelernter Landmaschinenschlosser und war Transportflieger der NVA (1960–1962), Wirtschaftsflieger in Berlin und Anklam (1962–1969), Pilot des Verkehrsfluges der Interflug ab 1969, ab 1991 bei der Berline sowie von 1992 bis 2006 bei Airbus in Toulouse als Simulator-Acceptance-Pilot Spezialist für die Entwicklung neuer Simulatoranwendungen.

Er erinnert sich folgendermaßen an den Herbst 1989 und die Folgezeit: „Nach dem Fall der Mauer war vieles anders. Auch meine Kollegen waren voller Unruhe, da sich jeder einer unsicheren Zukunft gegenübersah. Niemand schien in der Lage, uns eine Auskunft über die Perspektive der Interflug zu geben. Gemeinsame Informationsveranstaltungen mit dem Vorstandsvorsitzenden der Lufthansa, Herrn Ruhnau, mit Reden über die goldene Zukunft und die segensreiche Zusammenarbeit im vereinten Deutschland folgten. Ob Ruhnau das selbst glaubte, sei dahingestellt. Es war auf alle Fälle nicht die Wahrheit. Nichts von dem wurde ernsthaft erwogen. Die Strategien über das Ende der Interflug waren bereits festgelegt, wie man heute nachweisen kann. Wir gründeten den Verband der Berufspiloten der DDR. Ich wurde zum Sprecher des Vorstandes berufen. Meine erste Frage an das Bundesverkehrsministerium war, ob unsere Lizenzen ihre Gültigkeit behielten. Das wurde bejaht, denn der Staatsvertrag regelte die Anerkennung eindeutig. Auch das sollte sich bald als Unwahrheit erweisen. Angeboten wurden sogenannte Konvertierungslehrgänge von einer privaten Fliegerschule in Worms. Mitbesitzer war ein leitender Pilot der Lufthansa. Die Lehrgänge empfanden wir als Farce. Die Krönung kam zum Schluss – eine Rechnung über 10.000 DM. Keiner von uns hatte so viel Geld. So musste die Interflug die Kosten übernehmen. Unser Berufsverband wurde in das Vereinsregister eingetragen. Wir trafen uns mit Vertretern des westdeutschen Verbandes zur Luftfahrtausstellung in Hannover. Man gab uns einen Berater zur Seite, der unsere Aktivitäten registrierte. Als wir unseren Verband für alle Berufspiloten der DDR öffneten, wurden wir in den Augen der westdeutschen Vereinigung Cockpit e.V. offenkundig zum Konkurrenten. Deren Beitritt wurde unseren Piloten angeboten. Eine Vereinigung im Sinne einer gleichberechtigten Interessenvertretung war nie beabsichtigt. Ich legte mein Amt als Sprecher unseres Vereins nieder. Am 15. Juli 1991 flog ich für meine neue Firma, die Berline, eine Nischenfluggesellschaft für Fracht und Passagiere. Wir waren das letzte verbliebene Stück der Interflug, ohne Überlebenschance.

Ich bewarb mich bei Airbus, wurde zum Vorstellungsgespräch bei Airbus Training in Toulouse eingeladen und angenommen. Nach meiner Ausbildung fand ich bis zu meiner

Der Nischenflieger und die Lufthansa in Schönefeld.

Rente eine Bleibe in Blagnac. Auf die Typenschulung auf die A320 folgte die Ausbildung für Landeanflüge nach der Landebahnsicht-CAT III B). Als Fluglehrer wurde mir eine Ausbildungsbesatzung zugeteilt. Bei meiner Tätigkeit lernte ich viele Menschen kennen. Sie kamen von allen Kontinenten und aus unterschiedlichen Kulturkreisen. Mein Wissen über die Airbus-Familie und mein Englisch konnte ich stetig verbessern. Inzwischen erfolgten die Erstflüge des A340 (25. Oktober 1991) und des A330 (1. November 1992), Großraumflugzeuge für die Mittel- und Langstrecke. Die größtmögliche Identität der Cockpits und des Flugverhaltens wird mit dem Fly-by-Wire-Prinzip (Fliegen per Kabel) realisiert. Da ein Flugzeug im dreidimensionalen Raum gesteuert wird, werden hier die Höhen-, Quer- und Seitenruder durch elektrische Steuersignale und nicht mehr durch mechanische Verbindungen gesteuert. Ab Ende 1996 wurde ich A320-Spezialist im Trainingspolitik-Department und war für die Gesamtausbildung aller A320-Piloten verantwortlich, auch für die Vorbereitung und Einführung neuer Trainings- und Simulatorprogramme. Die Basis für die 15 Jahre erfolgreiche Tätigkeit für Airbus hatte ich mir in der DDR geschaffen, bei der Interflug. Viele meiner Kollegen bei Interflug und Berline erhielten aber im deutschen Einheitsstaat keine Chance. Es irren jene, die unverändert der Meinung sind, wir

Die erste IL-18 der Berline mit Frachttor und Rollboden.

Ostdeutsche sind untauglich für diese Gesellschaft.

Ähnliches erlebte mein Kollege Gerd Radig. Nach seiner Fluglehrerausbildung in Toulouse war er als Chefpilot der A310-Flotte der Interflug verantwortlich für die Abnahmeflüge beim Hersteller und die Indienststellung des neuen Flugzeugtyps. Dann kam das Unerwartete. Bundeskanzler Helmut Kohl ließ diese Flugzeuge für seine Bedürfnisse umbauen. Die DDR-Besatzungen wurden entlassen und andere wurden für viel Geld neu ausgebildet. Im Juni 1989 erhielt er mit weiteren Piloten der Interflug-A310-Flotte etwa 130 Flugstunden Streckenschulung beim Lufthansa-Captain Rolf Proske, entsprechend einer Vereinbarung der Interflug mit der Lufthansa AG. Am 25. September 1990 startete er mit der DDR-ABB nach Larnaka–Damaskus–Larnaka und landete am 3. Oktober 1990, dem Tag der Deutschen Einheit, mit veränderter Kennung im wiedervereinigten Deutschland. Das war sein letzter Flug als Chefpilot der Interflug.

Gerd Radig im Juni 1989 in Katmandu bei einer Streckenschulung mit Captain R. Proske von der Lufthansa.

Gerd Radig mit der A320 bei der Fluggesellschaft China North-West in den Jahren 1997/98.

Was mit den drei A310-304 passierte, sieht man in dieser Aufstellung:

	In Dienst	Außer Dienst	An Bundeswehr	An Flugbereitschaft	Kennung/Name
DDR-ABA	26.06.1989	30.10.1990	01.05.1991	27.08.1991	10+21„ Konrad Adenauer“
DDR-ABB	30.06.1989	30.10.1990	01.05.1991	30.08.1991	10+22 „Theodor Heuss“
DDR-ABC	30.10.1989	30.10.1990	01.05.1991	10.09.1991	10+23 „Kurt Schumacher“

In Toulouse fand Gerd Radig Anstellung bei Airbus Industrie als Flight Instructor Pilot und wurde ein international geachteter Ausbilder für mehrere Airbus-Typen. In den zehneinhalb Jahren, in denen er für das Airbus Training Center tätig war, nahm er weltweit über 1.000 Flugprüfungen ab. Erinnerungsfotos zeigen, wie er 1997/98 die A320-Besatzungen der Gesellschaft China North-West in Xian ausbildete. Einer seiner letzten Ausbildungsorte war am 28. Oktober 2005 Manila. So wurde Gerd Radig, mein ehemaliger Kollege und Einsatzleiter bei der UNO-Mission ‚Dürrehilfe für Äthiopien‘, am 3. Oktober 1990 zunächst arbeitslos, aber bis Oktober 2005 zum fliegenden Botschafter aus der ehemaligen DDR.“

Mit der neuen Flugtechnik war der Kurswechsel in das Jahr 2000 möglich.

Gerd Radig bei einer Schulung in Manila im Jahr 2005.

10.3 Entscheidung des Bundesverfassungsgerichts

Von Tim Herden

Dieter Oehme (1937–2006), ehemaliger Pilot beim Flugbetrieb Verkehrsflug der Interflug, flog zuletzt im Auftrag der Bundeswehr mit einer IL-62 der ehemaligen Regierungsstaffel Politiker und Beamte von Bonn nach Berlin und zurück. Der sogenannte Beamten-Shuttle wurde von ehemaligen Zivilpiloten der Interflug bis 1993 für ein geringes Entgelt durchgeführt. Die Ostzulage für diese Passagiere war deutlich höher. Einem CSU-Parlamentarier zeigte er seinen Vertrag. Dieser stellte fest, dass ein Pförtner im Bundestag mehr verdient.

Bernhard Tippel koordinierte ab 1991 als Flugsicherheitsingenieur Flüge der noch in Ostdeutschland stationierten russischen Truppen mit dem zivilen Flugverkehr.

Als beide das Rentenalter erreichten, gingen sie davon aus, dass sie die Rente der sogenannten technischen Intelligenz der DDR erhalten würden. Jedoch wurden die Ansprüche von Interflug-Ingenieuren mit der Begründung abgelehnt, die Luftfahrt werde in gesetzlichen Erlassen der DDR über die Intelligenzrente aus den Jahren 1950/51 nicht erwähnt. Tatsache ist jedoch, dass es beiden deutschen Staaten per Besatzungsstatut der Alliierten damals noch verboten war, zivile Luftfahrt zu betreiben. Ausdrücklich waren Ingenieure bei Eisenbahn und Schifffahrt einbezogen worden. Im Rechtsstreit mit der Bundesversicherungsanstalt für Angestellte (BfA) wurden aus der Betriebsakte der Interflug Belege gesichert, dass die BfA am 21. Februar 1991 insgesamt 14.500 DM an Beiträgen für das Versorgungssystem der technischen Intelligenz für Piloten und Fluglotsen kassiert hatte.

Nun folgte das Argument, dass die Interflug kein Volkseigener Betrieb, sondern eine GmbH gewesen sei. In der Tat war der VEB Deutsche Lufthansa durch die Interflug GmbH infolge des Rechtsstreits mit der Lufthansa AG abgelöst worden, um zu verhindern, dass Flugzeuge im Ausland von Gläubigern beschlagnahmt werden können. Innerhalb der DDR wurde die Interflug jedoch als VEB behandelt. Ebenso wie es pikanterweise auch die Bundesregierung und die THA hielten. Das Verhalten von BfA und Sozialgerichten korrespondiert augenscheinlich mit jener aufgeheizten Debatte, bei der seit Längerem vehement beklagt wird, wie sehr die Renten aus den DDR-Zusatzversorgungen die öffentlichen Kassen belasten. Nur hat die Bundesrepublik mit dem Einigungsvertrag von 1990 die Ansprüche aus ebendiesen Systemen garantiert. Oehme und Tippel erhielten Altersbezüge von je 1.200 DM – mit der Intelligenzrente wären es 110 DM mehr gewesen. Hätte Oehme als Pilot bei der Lufthansa gearbeitet, hätte er hingegen eine Rente von 3.500 Euro erhalten.

Antwort des Bundesverfassungsgerichts auf die Verfassungsbeschwerde von Dieter Oehme. ►

Abschrift

Bundesverfassungsgericht
- 1 BvR 320/06 -

In dem Verfahren
über
die Verfassungsbeschwerde

des Herrn Dieter Oehme
Anschrift

-Bevollmächtigter: Rechtsanwalt Dr. B. Helmers
Anschrift

gegen a) den Beschluss des Bundessozialgerichtes
vom 2,Januar 2006 - B 4 RA 117/05 B,
b) das Urteil des Landessozialgerichts Berlin
vom 14.März 2005 - L 16 RA 32/03 - ,
c) das Urteil des Sozialgerichtes Berlin
vom 14. Januar 2003 - S 9 RA 4889/02 -,
d) den Widerspruchsbescheid der Bundesversicherungsanstalt für Angestellte
vom 9.Juli 2002 - 65 070637 0 002 BKZ 2020 SG
hat die 3.Kammer des Ersten Senats des Bundesverfassungsgerichts durch

den Präsidenten Papier
und die Richter Steiner, Gaier

gemäß § 93 b in Verbindung mit § 93 a BVerfGG in der Fassung der Bekanntmachung vom 11.August 1993 (BGBI I S.1473)

am 1. März 2006 einstimmig beschlossen:

Die Verfassungsbeschwerde wird nicht zur Entscheidung angenommen, weil sie unzulässig ist.

Aus der Begründung: ...es habe sich bei der Interflug GmbH weder um einen volkseigenen Betrieb noch um einen diesem gleichgestellten Betriebe gehandelt ...Zuletzt verwarf das Bundessozialgericht die gegen die Nichtzulassung der Revision gerichtete Beschwerde des Beschwerdeführers als unzulässig.
Der Beschwerdeführer wendet sich mit seiner Verfassungsbeschwerde gegen die sein Begehren zurückweisenden Gerichts- und Verwaltungsentscheidungen und macht eine Verletzung seiner Grundrechte geltend.

Diese Entscheidung ist unanfechtbar. (Es folgen die Unterschriften)

Bemerkungen: Flugkapitän Dipl.-Ing. D. Oehme verstand unter Grundrechte auch die Festlegungen des Einigungsvertrages und er wollte gleich behandelt werden wie sein Studienkollege O. Spangenberg, vom Betrieb Flugsicherung der Interflug (siehe Versicherungsschein). Am 1. März 2006 fiel die unanfechtbare Entscheidung und am 09. März 2006 trug das fliegende Personal den Beschwerdeführer zu Grabe. Es war jener Pilot der mit Flugzeugen der Interflug die Beamten zwischen Bonn und Berlin im Auftrag der Bundesluftwaffe zu transportieren hatte.

11.

Die Fortsetzung der ostdeutschen Luftfahrtgeschichte

◂ Die neue Passagierabfertigung der Interflug mit den Erweiterungsbauten in Berlin-Schönefeld. Hinter der heutigen Nordbahn entsteht der BER. Baubeginn war 2002, erster Eröffnungstermin 2007.

Nach dem verspäteten Umzug von Diepensee nach Schönfeld im Juli 1962 begann an der alten Passagierabfertigung die Entwicklung der Interflug unter den Generaldirektoren Arthur Pieck, Karl Heiland und Kurt Dietrich zu einem weltweit anerkannten Luftverkehrsunternehmen.

Der öffentliche Teil der NPA in Berlin-Schönefeld, die Altbaublöcke E und F mit den Baracken für den Flugbetrieb Verkehrsflug (Klinkerbauten) und der S-Bahnhof.

Am 13. März 2008 übernahm das Bundesarchiv Akten der Interflug GmbH, des zentralstaatlich geleiteten DDR-Luftverkehrsunternehmens, zusammen mit Unterlagen des Vorgängers, der Deutschen Lufthansa der DDR. In der schwierigen Phase der Liquidation, ab Februar 1991, wurden die Unterlagen immer wieder vor Ort benötigt. Außerdem verneinten die Liquidatoren eine Übergabepflicht nach §2 Abs. 1 Bundesarchivgesetz. 1995 schlossen die Interflug GmbH i.L., die Bundesanstalt für vereinigungsbedingte Sonderaufgaben (BvS) und die Flughafen Berlin-Schönefeld GmbH (FBS) eine Vereinbarung ab, nach der die Verantwortung für die Archivierung an die FBS übergeht. Die Beendigung der Liquidationsphase der Interflug GmbH i.L. zum 30. Juni 2007 veranlasste das Bundesarchiv, erneut das historisch wertvolle Schriftgut (110 Meter laufende Akten) zu übernehmen. Trotz der noch fehlenden Unterlagen des Liquidators und der Bundesministerien ist es im Bundesarchiv möglich, sich einen Überblick über die Gesamtgeschichte der Zivilluftfahrt der DDR zu verschaffen. Darüber hinaus gibt das Schriftgut ein aufschlussreiches Bild von der staatenverbindenden Funktion des Luftverkehrs ab.

Abriss des Blocks E im März 2001.

Eröffnung der Internationalen Luft- und Raumfahrtausstellung 1992 mit einem riesigen Luftballon.

Der Flughafen Berlin-Schönefeld heute.

12.

Der „politischste Flughafen Deutschlands“

◂ Der noch nicht fertiggestellte Flughafen BER im Winter.

Die Karte zeigt die Betroffenheit von Müggelheim und das von der EU ausgewiesene Schutzgebiet.

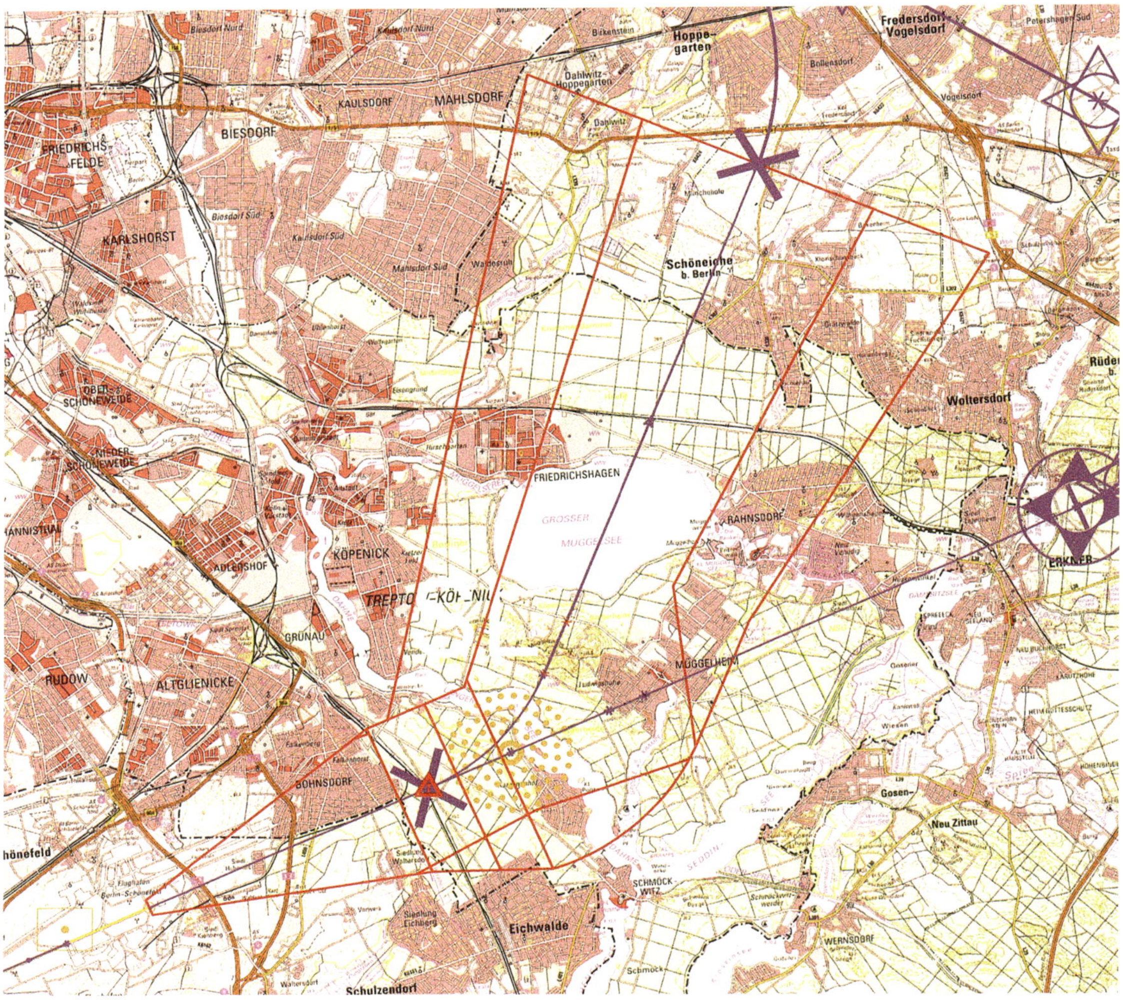

Mit den politischen Veränderungen 1989 stieg die Verantwortung der Interflug für umweltschützende Maßnahmen. Gleichzeitig entstand eine starke Protestbewegung im Köpenicker Stadtteil Bohnsdorf. Am 11. Januar 1990 empfing der Generaldirektor der Interflug die Vertreter von Bürgerinitiativen und neuen politischen Bewegungen. Der Sprecher der Basisgruppe Neues Forum Bohnsdorf verlas bei diesem Treffen eine Erklärung, die u.a. besagte, „dass ein weiterer Ausbau des Flughafens Schönefeld aufgrund seines siedlungsnahen Standortes im Interesse der Menschen und ihrer Umwelt nicht zu verantworten ist.“

Im Konsens entstand ein Drei-Stufen-Programm.

Als 1. Stufe und Sofortmaßnahme wurde u.a. realisiert:

- Arbeitsaufnahme des Umweltschutzbüros der Interflug im Raum 16 des Fliegertrainingszentrums mit der Aufgabe, alle Forderungen und Vorstellungen der Bürger ab 22. Januar 1990 zu erfassen
- Übergabe aller Messdaten und benötigten Dokumente an die Spezialisten der Bürgerinitiativen (dazu zählten auch Interflug-Angehörige) mit dem Ziel, weitere

Nachtflugregelung für den BBI erlassen

Mit erheblicher Verzögerung, dann aber überraschend kurzfristig und zwar schnell vor der Bildung der neuen rot-roten Brandenburger Landesregierung hat das Brandenburger Verkehrsministerium am 20. Oktober in dem vom Bundesverwaltungsgericht angeordneten „ergänzten Planfeststellungsbeschluss“ die Nachtflugregelung für den im Bau befindlichen Single-Airport BBI verkündet. Danach wird es nach der Eröffnung des BBI deutlich mehr Nachtflüge geben als bisher auf den beiden Berliner Flughäfen. Die Regelung sieht vor, dass zwischen 24 Uhr und 5 Uhr regulär keine Starts und Landungen stattfinden dürfen. In dieser „Kernzeit der Nacht“ sind Ausnahmen lediglich für Notfälle, sowie für Regierungs- und Postflüge erlaubt. In den Randzeiten von 23 Uhr bis 24 Uhr und von 5 Uhr bis 6 Uhr werden dagegen 31 Bewegungen zugelassen und zwischen 22 und 23 Uhr werden Starts und Landungen sogar allgemein frei gegeben. Der Brandenburger Infrastrukturminister Reinold Dellmann sagte dazu: „Hier überwiegen öffentliche Interessen gegenüber den Lärmschutzbelangen“. In der gesamten Nacht rechnet das Ministerium mit 77 Flügen, in Spitzenzeiten bis zu 103. Der Durchschnitt werde bei 84 Bewegungen pro Nacht liegen, gegenwärtig sind es in Tegel und Schönefeld 42,5. Das Bundesverwaltungsgericht hatte in seinem Urteil schärfere Grenzen gesetzt und ein absolutes Flugverbot für die Zeit von 0 Uhr bis 5 Uhr verfügt und erklärt, zwischen 22 Uhr und 24 Uhr, sowie zwischen 5 Uhr und 6 Uhr dürfe nur geflogen werden, wenn der Flugbetrieb sich aus nachvollziehbaren Gründen nicht während des Tages abwickeln lasse.

Minister Dellmann erklärte, er rechne mit Klagen der Umlandgemeinden und von Einwohnern gegen die Regelung, sei aber zuversichtlich, dass sie vor dem Bundesverwaltungsgericht Bestand haben wird. Insider vertraten jedoch die Ansicht, mit der Freigabe der Flüge zwischen 22 Uhr und 23 Uhr werde gegen die Vorlage des Gerichts verstoßen. Die Bürgermeister der Umlandgemeinden haben denn auch bereits beschlossen, vor das Bundesverwaltungsgericht zu ziehen. Der Anwalt der Schutzgemeinschaft Umlandgemeinden, Siebeck, sagte, die Regelung sei ein „Hohn gegenüber dem Gericht“. Scharfe Kritik kam unverzüglich auch von Wählern und Politikern aus der SPD, vor allem aber der Linken. Sie hatte im Wahlkampf vehement ein totales Nachtflugverbot gefordert und muss in der neuen Koalition nun die neue Regelung mittragen.

Vertreter der Lufthansa, der Air Berlin und der Easyjet zeigten sich in ersten Reaktionen mit der neuen Nachtflugregelung zufrieden. Der Geschäftsführer der Arbeitsgemeinschaft Deutscher Verkehrsflughäfen, Ralph Beisel, erklärte, es sei nun sicher, dass auf dem neuen Flughafen BBI wirtschaftliche geflogen werden könne. Der Flughafen-Chef Rainer schwarz begrüßte die Regelung, sagte aber, langfristig sei die Kontingentierung der Flüge am frühen Morgen wachstumsfeindlich.

Das Ministerium hat mit seiner Verfügung zugleich den Lärmschutzbereich um den BBI ausgeweitet, und zwar von 27 auf 50 Quadratkilometer. Statt bisher 4 400 können sich nun 16 500 Anwohner in den Randgemeinden des BBI Schallschutzfenster einbauen lassen. Die Flughafen-Gesellschaft, die den Einbau bezahlen muss, rechnet mit Mehrkosten von 30 Millionen Euro und einem neuen Gesamtbetrag für Schallschutzmaßnahmen von 140 Millionen. H.v.P..

Vorschläge zur Reduzierung der Umweltbelastungen zu erhalten.

Die 2. Stufe waren Maßnahmen zur Harmonisierung der Auswirkungen des Reisegesetzes und zur umweltfreundlichen Gestaltung des Flughafens. Im Zuge der Erkenntnis, dass Landeanflüge die stärksten Umweltbelastungen verursachen, wurden diese unter Sichtflugbedingungen mit steilerem Gleitwinkel und späterem Ausfahren von Landeklappen und Fahrwerk (Low-Power- und Low-Drag-Approach) getestet.

Die 3. Stufe war die „Standortsuche und Planung der Errichtung eines internationalen Flughafens, der durch seinen umweltfreundlichen Standort und seine große Kapazität zu einer maximalen Entlastung der jetzigen Flughäfen Tegel und Schönefeld führt“. Die Geschäftsführer der Interflug und der Lufthansa waren gegen den Standort Schönefeld und für eine schnelle Entwicklung eines „Flug-Drehkreuzes“. Mit der Inbetriebnahme der Lufthansa-Werft ab 1. März 1991 und der Verlegung der Internationalen Luftfahrtausstellung von Hannover nach Berlin 1992 war klar: Schönefeld wird als Regionalflughafen, Werft- und Messeflughafen erhalten.

Mit der Liquidierung der Interflug wurde auch das Drei-Stufen-Programm liquidiert. Damit begann die Geschichte des politischsten Flughafens Deutschlands. Mit der Schaffung der Voraussetzungen für den BBI (Projektname für Berlin-Brandenburg International bis 2011) waren weitere Schritte und Entscheidungen festgelegt: Das Luftverkehrsgesetz in der Fassung von 1990 wurde verändert. Der neue §71 Abs. 1 im Luftverkehrsgesetz verfügt, dass die Anlage und der Betrieb in Schönefeld „luftrechtlich genehmigt und als im Plan fest-

Dieser Artikel wurde im Februar 2018 im „Müggelheimer Boten“ veröffentlicht.

Müggelsee-Gebiet steht jetzt offiziell unter Schutz

von Simone Jacobius

Das Gebiet Müggelsee/Müggelspree ist jetzt offiziell als Schutzgebiet ausgewiesen. Die Senatsverwaltung für Umwelt, Verkehr und Klimaschutz hat im Jahr 2017 die Unterschutzstellungsverfahren für die Fauna-Flora-Habitat (FF-H)-Gebiete Grunewald, Spandauer Forst, Pfaueninsel, Müggelsee/Müggelspree sowie Tegeler Fließtal durch Ausweisung als Landschafts- oder Naturschutzgebiet abgeschlossen. Damit sind seit Ende des vergangenen Jahres alle Berliner FFH-Gebiete, die auch Gegenstand des Vertragsverletzungsverfahrens der EU gegen Deutschland waren, rechtlich gesichert.

Natura 2000 steht für ein europaweites zusammenhängendes ökologisches Netz besonderer Schutzgebiete, das aus den Gebieten nach der „Fauna-Flora-Habitat (FFH)-Richtlinie“ und denen nach der Vogelschutzrichtlinie besteht. Es soll den Fortbestand von natürlichen Lebensräumen und wildlebenden Arten, die für die jeweiligen europäischen Regionen charakteristisch sind, dauerhaft sichern und die biologische Vielfalt in Europa bewahren.

Berlin hatte seine FFH-Gebite schon vor etlichen Jahren gemeldet, sie jedoch noch nicht unter Schutz gestellt. Deswegen drohte die EU nun mit einem Vertragsverletzungsverfahren und entsprechend hohen Strafzahlungen. Senatorin Regine Günther sagt: „Ich freue mich, dass wir es innerhalb eines Jahres geschafft haben, die Verfahren für diese FFH-Gebiete abzuschließen. Nachdem sie bereits vor Jahren an die EU gemeldet wurden, war die rechtliche Sicherung seit langem überfällig. Wir haben mit den Unterschutzstellungen drohende Strafzahlungen an die EU vermieden. Aber wichtiger noch: Wir haben diese herrlichen Landschaften gesichert, um die Schönheit der Natur dauerhaft zu erhalten. Die Gebiete sind ein wertvoller Lebensraum für viele gefährdete oder bedrohte Pflanzen- und Tierarten. Diese Lebensräume zu schützen, trägt zum Erhalt der Artenvielfalt bei.“

Diese Unterschutzstellungen zeigten ihrer Meinung nach, dass Naturschutz und die berechtigten Interessen der Berliner nach Sport, Freizeit und Erholung kein Widerspruch seien. Im Fall des Müggelsees hat es im Vorfeld intensive Diskussionen mit Sportverbänden und Anwohnern gegeben. Nun sei ein Kompromiss gefunden worden, so Günther. Der Wassersport auf dem Müggelsee bleibe fast uneingeschränkt möglich. Der Bezirk zeigt sich jedoch erstmal abwartend. Zwar habe es bislang keine neuerlichen Proteste gegeben, doch man wolle erstmal die diesjährige Wassersportsaison abwarten, meint Bürgermeister Oliver Igel. Danach werde die Lage am Müggelsee noch einmal besprochen, das habe die Senatsverwaltung zugesagt. *sip*

Eine Übersicht über die Berliner Natura-2000-Gebiete finden Sie hier: https://www.berlin.de/senuvk/natur_gruen/naturschutz/natura2000/de/gebiete/index.shtml

gestellt“ gelten. Nachtflüge wurden von Tempelhof und Tegel nach Schönefeld verlegt. Die ehemalige Nordbahn wurde 2009 geschlossen, was für die Bürger von Bohnsdorf und Schönefeld eine Entlastung bedeutete. Die Hauptbahn 25L der Interflug (siehe Kapitel 2) wurde von 3.000 Metern auf 3.600 Meter verlängert. Die An- und Abflugrouten der heutigen Nordbahn erfüllen nicht die neuen umweltpolitischen Anforderungen, die im Ergebnis des Vertragsverletzungsverfahrens der EU seit 2018 für das Schutzgebiet um Müggelheim gelten.

Die starke Umweltbelastung in einigen Städten Deutschlands versucht man auch durch eine Reduzierung der Verkehrsdichte zu mildern. Eine noch extremere Umweltbelastung durch Luftfahrzeuge geht mit dem Projekt BBI/BER einher, vor allem auch, wenn die geplante Verdichtung als Single-Airport realisiert wird. Zum Planfeststellungsbeschluss vom 13. August 2004 gingen 133.000 Rechtseinwendungen durch die betroffenen Anwohner bei den Gerichten ein. In nur drei Tagen wurde vor dem Bundesverwaltungsgericht in Leipzig schließlich eine Entscheidung gefällt, was der Fachanwalt für Verwaltungsrecht, Dr. Wolfgang Baumann, der 2.400 Musterkläger vertrat, zuvor noch nicht erlebt hatte. Das Ergebnis war die Festlegung, dass fünf Stunden Nachtruhe für die Anwohner genügen und dass Post- und Sonderflüge für die Regierung zwischen 0 und 5 Uhr erlaubt werden.

Dieses Schreiben übersandte die Senatorin für Stadtentwicklung, Ingeborg Junge-Reyer, dem Bürgermeister des Bezirks Treptow-Köpenick, Dr. Klaus Ulbricht, am 1. Oktober 2004.

Senatsverwaltung für Stadtentwicklung

Berlin

Senatorin

Senatsverwaltung für Stadtentwicklung, D - 10702 Berlin

Dienstgebäude:
Württembergische Straße 6
10707 Berlin

Telefon: +49-30-9012-4710
Telefax: +49-30-9012-3106

Datum: 1. Oktober 2004

Herrn Bezirksbürgermeister
Dr. Klaus Ulbricht

Bezirksamt Treptow-Köpenick von Berlin

Planfeststellungsbeschluss zum Ausbau des Verkehrsflughafens Berlin-Schönefeld vom 13. August 2004

Sehr geehrter Herr Bezirksbürgermeister Dr. Ulbricht,

ich habe die von Ihrem Bezirksamt vorgebrachten Bedenken von meinem Haus rechtlich prüfen lassen. Das Ergebnis dieser Prüfung dürfte die gegen die Planfeststellung vorgetragenen Bedenken vollständig ausräumen.

In dem o.g. Planfeststellungsbeschluss ist entgegen der Befürchtung des Bezirksamtes der aktuelle Stand der Lärmwirkungsforschung berücksichtigt worden. Der Planfeststellungsbeschluss räumt sämtlichen potentiell durch Fluglärm betroffenen lärmempfindlichen Einrichtungen bei Überschreitungen nutzungsspezifischer Immissionswerte Schallschutzansprüche gegenüber dem Träger des Vorhabens ein. Die Planfeststellung hat sich im Rahmen der Abwägung ausführlich mit den Lärmimissionen befasst und diese Problematik auch zufriedenstellend gelöst.

Ich darf in diesem Zusammenhang auf die in dem Planfeststellungsbeschluss unter Teil A, II, 5.1.4 dem Träger des Vorhabens auferlegten Schallschutzvorrichtungen hinweisen. Insbesondere ist festgelegt worden, dass auch Einzelfalluntersuchungen außerhalb der Lärmschutzbereiche auf Antrag durchgeführt werden, so dass eine Verletzung von Rechten durch Lärmimmissionen definitiv in jedem Fall ausgeschlossen werden kann.

Die konkreten Einzelheiten werden im weiteren Verfahren geklärt. Ich darf Ihnen meine volle Unterstützung zusichern, falls - was ich aber nicht erwarte - die Rechte des Bezirksamtes nicht beachtet werden sollten.

Mit freundlichen Grüßen

Ingeborg Junge-Reyer

Schutzgut Mensch und Demokratie

Im Zeitraum von 1992 bis 2001 war ich als Vertreter des Bezirksamtes Köpenick sowohl in der Fluglärmkommission Schönefeld als auch an den Standortsuchverfahren, am Mediations-, Raumordnungs- sowie am Planfeststellungsverfahren für den neuen Flughafen beteiligt. Aus allen Verfahren folgte, dass der Standort Schönefeld für einen hauptstadtgerechten Flughafen, d. h. für einen Flughafen, der nicht nur eine Zubringerfunktion für die europäischen Drehkreuze hat, ungeeignet ist. In unserer Stellungnahme zum Planfeststellungsverfahren für das Vorhaben „Ausbau des Flughafens Berlin-Schönefeld" vom 27.06.2000 heißt es zusammenfassend:

„Problematisch ist vor allem die fehlerhafte Darstellung der Lärmauswirkungen des Flughafens auf den Bezirk Köpenick, der ein bevorzugter Wohnstandort und ein attraktiver Erholungsraum ist. Wir fordern neue und unabhängige Gutachten, die die Belastungen und Gefahren richtig bewerten. Darüber hinaus sollte auf deren Grundlage eine erneute Standortabwägung erfolgen."

Im Einzelnen wurde von uns verlangt, dass bereits im Rahmen der Planfeststellung eine Festlegung der Flugrouten zwingend notwendig ist, da ansonsten keine Aussagen zur Betroffenheit, insbesondere in den Ortsteilen Grünau, Wendenschloß, Köpenick und Friedrichshagen möglich sind. Wir betonten, dass der reale Einzelpegel die Kommunikation stört, den Schlaf unterbricht und zur Unbenutzbarkeit der Außenwohnbereiche führt.

Uns war klar, dass der Flughafen BBI gewissermaßen ein innerstädtischer wird, da er nur betrieben werden kann, wenn der Berliner Luftraum überflogen wird. Für die Bezirke Treptow und Köpenick ist dies seit 15 Jahren klar, und es verwundert, wenn sich jetzt die Bürger aus westlich gelegenen Bezirken betrogen fühlen.

Für mich persönlich haben die oben angeführten Verfahren gezeigt, was Demokratie bedeutet. Die Exekutive und Legislative der beteiligen Länder, die zugleich Investoren sind, haben gegen jeden Sachverstand auf der Grundlage von Gefälligkeitsgutachten Entscheidungen getroffen und wurden dabei sogar von den Gerichten unterstützt. Die Gründe dafür wurden in den Erörterungsverfahren offen gelegt: Man wollte verhindern, dass erstens neben Frankfurt und München ein weiteres Drehkreuz (ein Flughafen mit Primärhub) entsteht und dass zweitens die über Bodenspekulation erworbenen Grundstücke im Raum Schönefeld genutzt werden können. Dies scheint gelungen zu sein!

Dr. Manfred Marz,
ehemaliger Leiter des
Umweltamtes Köpenick

Dieser Artikel vom ehemaligen Leiter des Umweltamtes Köpenick, Dr. Manfred Merz, erschien im November 2010.

Als das Ansehen des BER (IATA-Code des Flughafens Berlin-Brandenburg) in der Öffentlichkeit schon angeschlagen war, wollte der neue Flughafensprecher Daniel Abbou dazu übergehen, eine offene und ehrliche Kommunikationskultur für das Projekt zu schaffen: „Die Berliner und Brandenburger haben ein Recht zu sehen, wo ihre Milliarden versenkt worden sind." Der BER sei der „politischste Flughafen Deutschlands". Das war zu viel schonungslose Offenheit über politische Fehler. Daniel Abbou wurde nach 100 Tagen entlassen.

Am 3. Mai 2018 berichtete der „Berliner Kurier" über die Erweiterung des künftigen Flughafens. Der jetzige Flughafenchef Engelbert Lütke Daldrup, ein ehemaliger Beamter des Berliner Senats, stellte die neuen Pläne des sechs Millionen Euro teuren Terminals T2 vor. Er stellte Überlegungen an, wie die wachsenden Passagierzahlen am Boden zu bewältigen sind. Als Autoren und Insider der ostdeutschen Luftfahrt erscheinen uns jedoch Überlegungen wichtiger, was bei Erhöhung der Verkehrsdichte nach Schließung des leistungsstarken Flughafens Tegel am BER in und mit der Luft passiert. Der Beschluss eines Single-Airports muss korrigiert werden. Sperenberg ist noch immer die Alternative zum Flughafen

Schreiben von Klaus Wowereit an Dr. Klaus Ulbricht vom 3. Oktober 2004.

Der Regierende Bürgermeister von Berlin

Berlin

Der Regierende Bürgermeister von Berlin
Senatskanzlei - 10871 Berlin (Postanschrift)

Vorab per Fax (61722401)

An den
Bezirksbürgermeister von
Berlin Treptow-Köpenick
Herrn Dr. Klaus Ulbricht
o.V.i.A.

GeschZ. (bei Antwort bitte angeben)

Bearbeiter(in)

Dienstgebäude: Berlin-Mitte
Berliner Rathaus, 10178 Berlin
Eingang: Rathausstraße
Zimmer

☎ (Durchwahl):	(0 30) 90 26-3000
Zentrale	(0 30) 90 26-0
Intern:	(926)
Fax (Durchwahl):	(0 30) 90 26-
Zentrale:	(0 30) 90 26-2013
T-Online:	*berlin#
Internet:	http://www.berlin.de
e-mail:	

Datum 3. Oktober 2004

Planfeststellungsbeschluss für den Ausbau des Flughafens Schönefeld

Ihr Schreiben vom 29. September 2004 sowie vom 30. September 2004

Sehr geehrter Herr Bezirksbürgermeister Dr. Ulbricht,

Ihr an den Chef der Senatskanzlei gerichtetes Schreiben vom 28. September 2004 habe ich zur Kenntnis genommen.

Dem an Sie gerichteten Antwortschreiben von Frau Senatorin Junge-Reyer vom 29. September 2004 über die fehlende Zuständigkeit des Bezirks über die von Ihnen beabsichtigte Klageerhebung möchte ich aus fachlicher Sicht nichts hinzufügen.

Zusätzlich sind Sie von Herrn Senator Dr. Körting im Rahmen seiner Zuständigkeit für die Bezirksaufsicht aufgefordert worden, im Hinblick auf die fehlende Zuständigkeit von einer Erhebung der Klage abzusehen.

Ich gehe davon aus, dass das Bezirksamt der Weisung des zuständigen Senators für Bezirksaufsicht Folge leisten und von einer Klageerhebung absehen wird.

Darüber hinaus möchte auch ich zum Ausdruck bringen, dass das Bezirksamt nicht klagebefugt ist und bitte Sie eindringlich darauf hinzuwirken, dass der Bezirk von einer Klage absieht.

Ein davon abweichendes Handeln würde dem dringenden Gesamtinteresse Berlins an diesem Projekt zuwiderlaufen.

Sollte der Bezirk dennoch Klage erheben, sehe ich mich veranlasst, Maßnahmen im Wege der Dienstaufsicht gegen Sie einzuleiten.

Mit freundlichen Grüßen

Wowereit

Für einen menschenfreundlichen Stadtflughafen Berlin-Schönefeld

In das Flughafenprojekt Berlin-Schönefeld ist viel Geld, Beton und Schweiß geflossen. Niemand vermochte es zu verhindern. Jetzt geht es darum, auf Dauer einen menschenfreundlichen Flughafenbetrieb herbeizuführen und zu sichern.

Schönefeld ist und bleibt ein Stadtflughafen. Das haben seine Eigentümer so gewollt, als sie stadtfernere Standorte, z. B. Sperenberg, verwarfen.

Mit einem Stadtflughafen sind zwangsläufig Einschränkungen im Flugbetrieb verbunden.

Der Gesundheitsschutz der Menschen erfordert ein striktes Nachtflugverbot. In Schönefeld wird also zwischen 22.00 Uhr und 6.00 Uhr kein Flugzeug starten oder landen dürfen. Auch für den Flugbetrieb tagsüber muß gelten: Der Schutz der Menschen hat absolute Priorität vor jeglichen wirtschaftlichen Belangen. Flugrouten, Startbahnregime und Warteräume in der Luft sind so zu gestalten, daß eine geringst mögliche Anzahl von Menschen im geringstmöglichen Umfang belastet wird. Dicht besiedelte Gebiete dürfen nicht überflogen werden.

In gewisser Weise durch Verwaltungsentscheidungen flankiert, geistert noch immer eine Art „politischer Größenwahn“ durch das Unternehmen Flughafen Schönefeld. Das ist offenbar auch die tiefere Ursache der derzeitigen „Flugroutenproteste“. Der Stadtflughafen Berlin-Schönefeld ist als Drehkreuz und für Fernflüge objektiv ungeeignet, denn die vollgetankten Jumbo-Jets werden nicht so schnell und so steil steigen können, wie es der Lärmschutz erfordert. Das sollten die Eigentümer endlich zur Kenntnis nehmen.

Nun ist der Flughafen Berlin-Schönefeld quasi volkseigen. Er gehört jeweils zu 37 Prozent den Ländern Berlin sowie Brandenburg und zu 26 Prozent der Bundesrepublik Deutschland. Er verpflichtet damit alle Bürger der BRD zu einem menschenfreundlichen Flughafenbetrieb in Schönefeld, die Berliner und die Brandenburger dabei mit dem stärksten Stimmrecht. Jetzt sind die Vertreter der Eigentümer in der Pflicht, einen menschenfreundlichen Betrieb dieses Stadtflughafens in Gang zu bringen und dauerhaft zu gewährleisten: Abgeordnetenhaus Berlin, Landtag des Landes Brandenburg, Deutscher Bundestag. Sie alle sind dem Grundgesetz verpflichtet, auch dessen Artikel 14(2): „Eigentum verpflichtet. Sein Gebrauch soll zugleich dem Wohle der Allgemeinheit dienen.“ Es wäre für den demokratischen Rechtsstaat fatal, wenn diesen Volkseigentumsvertretern erst des Volkes Zorn beibringen müßte, ihren grundgesetzlichen Eigentümerverpflichtungen nachzukommen und dafür einzustehen, daß beim Betrieb des Flughafens Berlin-Schönefeld der Schutz der Menschen auf Dauer Vorrang vor Renditeerwartungen erhält.

Die Mitglieder des Verbandes Deutscher Grundstücksnutzer e.V. (VDGN) werden ihre Miteigentümerrechte zum Stadtflughafen Berlin-Schönefeld noch stärker einfordern und wahrnehmen und sie werden unentwegt weiter für die flächendeckende Solidarität aller Betroffenen werben.

Klaus-Joachim Henkel,
Peter Ohm

Im Journal des Verbands deutscher Grundstücksnutzer wurde dieser Artikel im November 2010 veröffentlicht.

BER. Dem Beispiel Frankfurt-Hahn folgend, sollte statt dem Terminal T2 und der geplanten 3. und 4. Landebahn in Sperenberg ein 24-Stunden-Flughafen für Fracht- und Nachtflüge sowie Preis-Leistungs-Fluggesellschaften in Betrieb genommen werden. Danach ist eine Schließung von Tegel möglich.

Der Bund als einer der Bauherren drängt auf die Errichtung eines Regierungsflughafens. Für 50 Millionen Euro soll zunächst ein Provisorium entstehen. Das Bundesterminal soll dann für 400 Millionen Euro gebaut werden. Da der Bund bzw. die Bundeswehr im Besitz des Flugplatzes Gatow ist, der bei der Luftbrücke eine hervorragende Rolle spielte, wäre dies ein geeigneter Standort als Regierungsflughafen für die Bundesregierung und für die Landeshauptstadt Potsdam.

Gedanken aus Müggelheim

von Rosemarie Grau

Unser schönes Müggelheim, von Wald und Wasser umgeben, keine Industrie, Natur pur. Ein Idyll, ja, wenn der Flughafen nicht wäre.

Es ist nicht nur der Lärm, der uns belästigt. Heimtückischer sind die Umweltgifte, die auf unser Gebiet niedergehen. Man hört sie nicht und sieht sie nicht, man erkennt sie an den Folgen.

Welche Umweltbelastung auf uns zukommt, wurde bei der Auslegung zum Planfeststellungsverfahren in Band M, Kapitel 10.1, Tabelle 1.5-1 veröffentlicht.

Die aufgeführten Werte sind im Untersuchungsraum auf und um den BBI bis zu einer Höhe von etwa 300 Meter im Umkreis von zehn Kilometer ermittelt worden.

Nach Tabelle 1.5-1 werden im Untersuchungsraum durch Flugverkehr und Probelauf pro Jahr 169.604 t Kerosin verbrannt. Beim Verbrennen von 1 t Kerosin entstehen 3,15 t CO_2 (Kohlendioxid), weil sich der Kohlenstoff des Kerosins mit dem Sauerstoff der Luft verbindet. Es entstehen also aus 169.604 t Kerosin 534.253 t CO_2 beziehungsweise 27. 199 800 m^3 CO_2.

CO_2 ist ein Treibhausgas. Bei solchem Ausstoß wird es zur lokalen Klimaänderung kommen. Die Lebensdauer von CO_2 beträgt mehrere Jahre.

Köpenick, die grüne Lunge Berlins, als Frischluftreservat und zur Kühlung der überhitzten Großstadt, verliert diese Funktion.

Pro Jahr werden durch den Flugverkehr und Probelauf im Untersuchungsraum auch 1586 t CO (Kohlenmonoxid) erzeugt, das sind 1 267 280 m^3. CO ist stark giftig, die Lebensdauer beträgt etwa 40 Tage. Ebenso entstehen beim Verbrennen von Kerosin Stickoxide. Diese sind sehr aggressiv und giftig.

Die Umweltchemiker gehen davon aus, dass sich etwa die Hälfte der Stickoxide in Salpetersäure (HNO_3) umsetzen.

Laut Tabelle entstehen im Untersuchungsraum pro Jahr 1806 t Stickoxide, davon 50 Prozent ergeben 1237 t Salpetersäure. Diese Säure fällt als saurer Regen in der Umgebung nieder.

Im Kerosin ist auch Schwefel enthalten, der zu Schwefeldioxid (SO_2) verbrennt. Die Umweltchemiker haben festgestellt, dass sich etwa 60 Prozent des SO_2 zu Schwefelsäure (H_2SO_4) umsetzt.

Daraus ergeben sich 155,9 t Schwefelsäure, die ebenfalls als saurer Regen im Untersuchungsraum niederfallen.

Neben den genannten Komponenten werden beim Verbrennen von Kerosin noch beträchtliche Mengen Kohlenwasserstoffe freigesetzt, deren toxische Wirkungen noch gar nicht erforscht sind.

All die hier genannten Fakten hinsichtlich der Auswirkungen, verursacht durch den BBI, konnten von Vertretern der Holding weder relativiert noch widerlegt werden.

Unser schönes Müggelheim – durch den sauren Regen und die Umweltgifte werden die Bäume versauern, Wälder, Biotope und alle Pflanzen werden geschädigt. Auch die Gewässer werden durch den sauren Regen in Mitleidenschaft gezogen. Wenn die Natur so stark beeinträchtigt wird, welche gesundheitlichen Folgen sind dann bei den betroffenen Anwohnern zu erwarten?

Die gesamten Schädigungen treffen alle, ob Eigentümer, Mieter oder Wochenendler. Auch die Gleichgültigen und Uninteressierten werden die Folgen spüren, denn die ausgewiesenen Werte sind nicht einmalig, sondern stetig Jahr für Jahr.

Gedanken aus Müggelheim

von Ingrid Zweiniger

Ein Aufruf vom Deutschen katholischen Missionsrat an die Menschen auf unserem Planeten: „Alle Menschen sind aufgerufen, der Zerstörung unseres Planeten Einhalt zu gebieten. Jeder Mensch kann und muss etwas tun, um die Schönheit unserer Erde den nachfolgenden Generationen zu erhalten."

Also packen wir es an. Und zwar sofort, denn der Tanz um das goldene Kalb, sprich Profit und Reichtum für wenige Menschen, wird langsam zu einem Totentanz für Mensch und Natur.

Die begrenzten Ressourcen die wir noch haben müssen nachhaltig genutzt werden. Zum Wohle aller Menschen und nicht nur zum Wohle dieser geldgeilen Klientel auf unserem Planeten. Wir haben etwa eine Milliarde hungernder Menschen, wir haben eine Jugend, die ohne Zukunftsperspektiven leben muss. Öffentliche Güter wie Wasser und Energie, dann Bildung und Krankenversorgung und sogar die Natur selbst werden durch Privatisierungen dem Gesetz des Profits unterworfen.

Die wachsende Kluft zwischen dem Reichtum weniger Menschen und den Menschen, die am Existenz- und Überlebensminimum leben müssen, wird zu immer weiteren Konflikten zwischen den Menschen auf unserem Planeten führen. Diese Wirtschaftsweise und Politik, die Geld zu einem Götzen macht, zerstört Würde und Rechte der Menschen.

Auf den Punkt gebracht hat es auch der Schriftsteller Wolfgang Bittner, der den Kölner Karls-Preis für Literatur erhielt. Er sprach in seiner Laudatio einige Dinge an, die vor allem die Menschen in Deutschland betreffen.

Die hohe Staatsverschuldung von ca. 1800 Mrd. Euro, der große Hilfsfonds für die Bankpleiten. Wo kommen denn die Gelder her, die unsere Politiker den Finanzhaien in den Rachen stopfen? Wir wissen es seit langem: Gewinne fließen in private Taschen - Verluste und Schulden werden sozialisiert, d.h. die Gewinne frisst der Finanzhai und die Schulden des Staats trägt überwiegend der Bürger.

Eine Frage stellt Wolfgang Bittner noch, über die wir alle nachdenken sollten: „Leben wir noch in einer Demokratie, oder leben wir in einer Staatsform, die Plutokratie genannt werden kann, also Herrschaft des Geldes, Herrschaft der Besitzenden, Herrschaft des Kapitals?"

Denken wir darüber nach.

Die Zeit ist reif für ein grundlegendes Umdenken. Es gibt keine einfachen Antworten für drängende Fragen. Nur ein tiefgreifender und langfristiger Prozess des gemeinsamen Nachdenkens und mutigen Handelns kann zu einer überlebensfähigen Neuordnung führen.

Wie können wir also die Grundlagen für eine solidarische Wirtschaftsordnung entwickeln und in kleinen, konkreten Schritten verwirklichen, bis wir das Ziel erreicht haben, dass alle Menschen auf unserem Planeten das Recht auf ein menschenwürdiges Leben haben? Und vergessen wir nicht unsere Natur und unsere Mitgeschöpfe, denn sie brauchen von uns Menschen Respekt und Verantwortung, damit sie weiter für den Erhalt des Lebens auf unserer Erde sorgen können. Gerade dieser Aspekt wird zu oft vergessen.

Ich möchte es noch einmal auf den Punkt bringen. Wir müssen begreifen, dass wir in einer Zeit leben, in der das Überleben der Menschheit auf unserem Planeten bedroht ist. Es hört sich theatralisch an, aber es ist so.

Wir bleiben dabei: „Das Wenige das du tun kannst, ist viel." (Albert Schweitzer)

Gedanken aus Müggelheim im „Müggelheimer Boten".

12.1 Petition an den Präsidenten des Bundesamtes für Strahlenschutz

In Sorge um die Gesundheit der Anwohner von Flughäfen wandte sich der ehemalige DDR-Umweltaktivist Dr. Kurt Kutzschbauch aus Müggelheim 2005 mit einer Petition an den Präsidenten des Bundesamtes für Strahlenschutz. Es ging um die Strahlenbelastung durch landende Flugzeuge, die Müggelheim in etwa 500 Metern überfliegen. Er bat Klaus Breiler, einen der Autoren dieses Buches, um eine Ergänzung seines Anliegens. Diesem war bekannt, dass in der zivilen Luftfahrt der DDR Strahlenmessungen während des Fluges und auf den Flugsteigen in

Tatsache ist, daß Schalldämpfer und Katalysatoren für Kleinflugzeuge nicht vorgeschrieben sind. Tatsache ist auch, daß ein Flugzeug kein „dichtes System" darstellt. Alle Behälter für die erforderlichen Betriebsstoffe sind belüftet und über Drainageleitungen mit der Außenluft verbunden, wenn sie nicht im druckdichten Teil des Flugzeugrumpfes liegen. Am Beispiel des Kraftstoffsystems wird dies besonders deutlich. Dieses System muß bei großen Temperatur- und Druckschwankungen zuverlässig arbeiten. Gleichzeitig wird eine Reihenfolge der Entnahme zwischen den einzelnen Kraftstoffbehältern vorgegeben, um die Schwerpunktlage des Flugzeuges in einem zulässigen Bereich zu halten. Es ist ein kompliziertes Zusammenspiel von Umförderpumpen, Ventilen, Signalisatoren, Verbindungshähnen, Hochdruckpumpen und Brandhähnen. Bei Unregelmäßigkeiten wird z.B. Kraftstoff über die Drainage abgeführt, um den jeweiligen Behälter vor Überdruck zu schützen. Da Luftfahrzeuge mit größerer Reichweite auch größere Kraftstoffmassen an Bord haben, verfügen sie über Schnellablaßsysteme, um Gefahrensituationen beherrschen zu können. Der Antragsteller behauptet in seinem Propagandamaterial für die Bevölkerung, daß Fuel-Dumping selten vorkommt und moderne Maschinen nicht mehr solch ein System haben. Das ist eine Lüge. Der Flughafen Schönefeld wird für die neue Flugzeuggeneration Airbus 380 vorbereitet. Deshalb soll die neue Startbahn die ungewöhnliche Länge von 4000 m haben. Betrachtet man die Parameter dieses Flugzeuges erkennt man die Zusammenhänge.

Version A 380- 100R: Spannweite 79,8 m; Länge 73 m; Höhe 24,1 m
Reichweite 16 200 km; bis zu 650 Sitze; Kraftstoffvorrat 372 000 ltr.
Maximales Startgewicht 590 t
Maximales Landegewicht 390 t

Die Frachtversion kann 150 t, auch gefährliche Güter wie Explosivstoffe, Giftstoffe, radioaktives Material usw., transportieren.

Im Notfall (Bombendrohung, Brandsignalisation nach dem Start) ist unverzüglich zu landen. Bei dieser Differenz zwischen den zulässigen Gewichten ist ein hochleistungsfähiges Schnellablaßsystem erforderlich, was im genannten Notfall bis kurz vor der Landung benutzt werden muß.Wenn kein akuter Notfall vorliegt, z.B. Fahrwerkprobleme, wird Kraftstoff nach ICAO- Empfehlungen (große Höhe, vorgegebene Gebiete) abgelassen.

Ein Landeanflug im Regen, mit ausgefahrenem Fahrwerk, ausgefahrenen Vorflügeln und Klappen, mit offenen Fahrwerkschächten bei etwa 280 km/h, ist ein Waschvorgang mit intensiver Unterbodenpflege. Das sind Wahrheiten die man nicht verschweigen sollte.

Einige offene Worte der Autoren zum Thema Luftverunreinigungen durch Luftfahrzeuge.

Berlin-Schönefeld durchgeführt worden waren. Die Messergebnisse waren nicht veröffentlicht worden, was der politischen Praxis in der DDR entsprach. Jedoch hatten die Messergebnisse zur Folge gehabt, dass im „Luftfahrthandbuch" (AIP-RAC 1-4-16) festgelegt worden war, dass auf allen Flughäfen der DDR das Betreiben der Bordradaranlagen auf den Flugsteigen verboten war. Das bedeutete, dass im Landeanflug eine Strahlenbelastung der Anwohner hinzunehmen war. In der Presse war später zu lesen: „Laut Verteidigungsministerium haben 3.900 Ex-Soldaten der NVA und der Bundeswehr einen Versorgungsantrag gestellt, die durch Umgang mit Radartechnik nachweislich erkrankten, Strahlenopfer wollen klagen. Die Grünen fordern eine schnelle Entschädigung radargeschädigter Bundeswehrtechniker und die Befreiung von der Beweislast. Umweltminister Trittin will strengere Strahlenschutzmaßnahmen und 17 Millionen DM in die Strahlenschutzforschung investieren." Ergebnisse der Petition von Dr. Kurt Kutzschbauch wurden nicht bekannt.

12.2 Das Planfeststellungsverfahren

Von Klaus Breiler

Zum Planfeststellungsverfahren am 21. August 2001 in der Rathenau-Halle in Berlin-Oberschöneweide sprach ich als Vertreter von Müggelheim über meine Erfahrungen aus dem Blickwinkel der Flugbetriebspraxis und Flugsicherheit. Meine schriftliche Ausarbeitung übergab ich dem Leiter des Verfahrens, Herrn Leyerle, vom Ministerium für Stadtentwicklung, Wohnen und Verkehr des Landes Brandenburg. Auch wenn ich als Sachverständiger der Bürgerbewegung BVBB die mit dem Vorhaben eines Single-Airports wachsenden Sicherheitsbedürfnisse der Müggelheimer und die steigenden Umweltbelastungen speziell für das Trinkwasserschutzgebiet, das im Anflugsektor der Nordbahn liegt, thematisierte, war hierbei aus meiner Sicht eine gewisse Gleichgültigkeit gegenüber den Schutzgütern Natur, Mensch und Demokratie spürbar.

Das Ergebnis des Planfeststellungsverfahrens war die Baugenehmigung des BBI und kam wohl den Erwartungshaltungen der Spitzenpolitiker und Verantwortungsträger entgegen.

Rechtsstaat nur Schall und Rauch?

Von Peter Ohm,
1. Vizepräsident des VDGN

Es ist ein Jubel, der wütend macht. Am 3. Juli verurteilte das Oberverwaltungsgericht Berlin-Brandenburg die Flughafengesellschaft FBB dazu, gesetzlich verbriefte Schallschutzansprüche von Anwohnern des neuen Großflughafens Schönefeld anzuerkennen. Am Tag darauf waren im brandenburgischen Landtag nur Gewinner zu erleben. Das Urteil sei sehr zu begrüßen und schaffe endlich Rechtssicherheit für die betroffenen Bürger, erklärte Staatskanzleichef Martin Gorholt (SPD). Einen entsprechenden Landtagsbeschluß und Schallschutz-Vorgaben der Aufsichtsbehörde habe es schon vor dem Urteil gegeben – die FBB habe sie jedoch einfach ignoriert, hieß es aus dem Lager von Rot-Rot. Grünen-Fraktionschef Axel Vogel verkündete: „Der Versuch der Flughafengesellschaft, die Vorgaben des Planfeststellungsbeschlusses zum Lärmschutz zu Lasten der Betroffenen auszuhebeln, ist einmal mehr am Rechtsstaat gescheitert." Das ist zweifellos richtig. Teil des Skandals ist jedoch, daß die betroffenen Bürger – gemeinsam mit ihren Interessenvertretern VDGN und BVBB – die Sache ganz allein in die Hand nehmen mußten, eben die Einhaltung geltenden Rechts über mehrere musterhafte Klagen mit Hilfe eines Gerichtsurteils wiederherzustellen. Ein langer und steiniger Weg.

Vielmehr wäre es doch die ureigene Aufgabe der Regierenden, der Parlamente, des Sonderausschusses und des Aufsichtsrates gewesen, die FBB in die rechtsstaatlichen Schranken zu weisen. Unterstützung der Bürger oder Selbstkritik: Fehlanzeige. Nur zur Erinnerung: Gesellschafter der FBB GmbH sind die Länder Berlin und Brandenburg sowie der Bund. FBB-Geschäftsführer Engelbert Lütke Daldrup (SPD) kommt aus der Politik, war zuvor unter anderem Staatssekretär im Bundesverkehrsministerium, später dann für die Flughafenpolitik der Hauptstadt verantwortlich. Was ihn nicht daran hinderte, nun auf neuem Posten Schallschutz-Vorgaben der Aufsichtsbehörde zu ignorieren – mit dem Argument, die FBB habe eine andere Rechtsauffassung.

Stellungnahme zum Urteil des Oberlandesgerichts von 2018 gegen die Flughafengesellschaft.

13. Die Autoren

Entsprechend dem Wunsch seines Enkels (links) zwängte sich der Autor Klaus Breiler noch mal in seine letzte Uniform.

Flugkapitän a.D. Klaus Breiler, im Januar 1939 in Köthen geboren, erlebte seine Kindheit in der Siedlung des Junkers-Motoren-Zweigwerkes Köthen. Das Werk, der Fliegerhorst, die Bombardements der Werke in Köthen und Dessau, die Einnahme der Stadt durch die 3. US-Panzerdivision am 14. April 1945 und das Leben etwa 50 Meter entfernt vom Feldlager der Amerikaner bis zum 30. Juni 1945 – all das hat sich besonders eingeprägt. Der Besuch der Bach-Schule, die schwere Zeit des Wiederaufbaus, das Leben mit dem 73. Garde-Jagdfliegerregiment der UdSSR, die Zeit als Maschinenschlosser im VEB Kranbau Köthen und brisante Einsätze als Mitglied der Freiwilligen Feuerwehr, wie der Brand im Krankenhaus Süd, waren bleibende Erlebnisse seiner Jugend. Von 1957 bis 1959 absolvierte er eine Ausbildung an den Fliegerschulen der NVA. Als Unterleutnant mit etwas Erfahrung im Kunst- und Verbandsflug wurde er zum Aufbau des Wirtschaftsfluges der DDR abkommandiert. Von 1959 bis 1969 leistete er fliegerische Aufbauarbeit in den Agrarflugzentren Magdeburg, Kyritz und Berlin-Diepensee, ab 1963 als Tiefflugausbilder, Sachverständiger und Prüfer. Weiterbildungen an den Hochschulen in

Potsdam und Dresden folgten. Ab 1970 war er Verkehrsflugzeugführer für die Typen IL-14P, AN-24, TU-134, IL-18 und IL-62M. Von 1974 bis 1986 als IL-18-Kapitän tätig, waren die Ausbildungs-, Solidaritäts- und Erstflüge anspruchsvolle Flugaufträge. Die UNO-Mission „Dürrehilfe für Äthiopien" und die ersten Solidaritätsflüge nach Kabul unter kriegsähnlichen Bedingungen waren fliegerische Höhepunkte und politische Weiterbildung zugleich. Die Kommandowirtschaft und der Machtmissbrauch unter Generaldirektor und Generalleutnant Dr. K. Henkes ging bis zur Wahlfälschung durch die SED-Kreisleitung Interflug und den Vorsitzenden der Wahlkommission G. Oehlmann, Chef des Operativstabes des Generaldirektors. Klaus Breilers Einspruch zum Wahlergebnis fand den Weg bis zur Parteikontrollkommission. Als Maßnahme wurde die Kreisleitung Interflug zu einer Betriebsparteileitung degradiert. Die Liquidation der Interflug, die Ausbildung in Seattle auf dem Typ B 757, die Fluguntauglichkeit nach einem Burn-out-Syndrom und die Arbeitslosigkeit mit 53 Jahren waren Teil seiner Lebenserfahrungen in der Zeit der Wiedervereinigung. 1997 beendete er eine Ausbildung als Wirtschaftsassistent/Controlling am Bildungszentrum Müggelsee. Als Zeitzeuge der ostdeutschen Luftfahrt ist er außerdem als Autor mehrerer Bücher in Erscheinung getreten. In seinem Buch „Vom Fliegen und Landen. Zur Geschichte der ostdeutschen Luftfahrt" kommt er zu dem Schluss, dass es sich im Fall der Interflug um die zwangsweise Auflösung eines keinesfalls maroden Unternehmens ohne sachliche Gründe wie schlechte Vertragsaussichten, Verfehlen des Unternehmensziels oder Veränderungen in der Branche handelte, wobei die Treuhandanstalt weder als Treuhänder noch als Krisenmanager tätig wurde.

Als Sachverständiger des Bürgervereins Brandenburg-Berlin (BVBB e.V.) vertrat Klaus Breiler außerdem die Interessen der Anwohner von Müggelheim im Planfeststellungsverfahren zum neuen innerstädtischen Großflughafen BBI/BER. Der Berliner Flächennutzungsplan vom Mai 1993 sah eine Stadterweiterung im Nordosten der Stadt und im Süden eine Verdichtung der vorhandenen Siedlungsgebiete vor. Klaus Breiler verfocht in diesem Zusammenhang die Ansicht, dass ein Hauptstadtflughafen mit 24 Stunden Öffnungszeit im Norden Berlins mit Anbindung an Mecklenburg-Vorpommern (einziges Bundesland ohne Regionalflughafen) und der Erhalt von Schönefeld als Regional-, Werft- und Messeflughafen mit einer Schließzeit von 22 bis 6 Uhr sinnvoller gewesen wären. Der Landesentwicklungsplan, der den BER als Single-Airport vorsieht, soll nach Breilers Auffassung geändert werden. Das gebiete der Respekt vor der Umwelt und, nach dem Volksentscheid zum Flughafen Tegel, vor der Demokratie.

Autor Klaus Breiler (rechts) im Interview mit Triebwerksingenieuren im Stadt- und Technikmuseum Ludwigsfelde. Anlass hierfür war das 50. Jubiläum des ersten Prüflaufs des Triebwerks Pirna 014 am 13. Mai 2004. Triebwerksspezialist Hermann Steffen (Zweiter von links) sprach dabei über die durchgeführten Flugtests. Er war in Dresden für den Einbau der Pirna 014 in den Versuchsträger IL-28 verantwortlich.

Otto von Berg (Zweiter von rechts) am 23. Oktober 2005 bei seiner Verabschiedung aus dem Unternehmen. Mit seinem letzten Flug von München nach Nürnberg endete die Turbo-Prob-Aera der Eurowings, eine der vielen Fluggesellschaften mit Beteiligung der Lufthansa AG. Links sieht man Flughafenchef Karl-Heinz Krüger, rechts Manager Peter Kranich und in der Mitte Chefpilot Hubertus Berger.

Flugkapitän a.D. Otto von Berg, geboren im Juli 1945 in Erfurt, erlernte nach dem Abitur den Beruf des Kfz-Schlossers. Es folgten 18 Monate Grundwehrdienst, eine Umschulung zum Flugzeugmechaniker bei der Interflug und ein Studium in der Fachrichtung Flugzeugführung. Auf dem Typ IL-18 flog er bis 1983 als Bordingenieur und Navigator, danach als First Officer und ab 1983 auch auf der IL-62 auf allen Strecken der Interflug bis zur Liquidation. Seinen fliegerischen Erfahrungen entsprechend, fand er bereits ab 18. Februar 1991 eine Anstellung als First Officer auf dem Flugzeugmuster ATR 42 und 72 bei der Nürnberger Flugdienst AG, die Ende 1993 mit der RFG Regionalflug GmbH zur Eurowings Luftverkehrs AG fusionierte. In Anerkennung seiner herausragenden fliegerischen Leistungen wurde er zum Kapitän ausgebildet und flog ab 1994 als solcher am Dienstort Hannover, ab 2001 als Supervisionskapitän und Stationskapitän auch am Airport Berlin-Tegel. Im Rahmen des Umflottungsprozesses bei Eurowings endete am 23. Oktober 2005 mit dem Flug LH 938 München–Nürnberg der Linieneinsatz der ATR-Turboprops. Als Beauftragter der Lufthansa-Tochter Eurowings war er nun mit dem Chefpiloten der SWIFT-AIR für die Überführungsflüge der ATRs nach Spanien verantwortlich. Nach dem 60. Lebensjahr flog er aus Verbunden-

Flugkapitän Otto von Berg mit seinem Co-Piloten.

heit zur ATR für die SWIFT-AIR weiter in England und Spanien, zum Teil als Ausbilder für Crews, für Streckeneröffnungen oder Frachtflüge. Nach 21.350 Flugstunden begann sein wohlverdienter Ruhestand am Rand der Berliner Gewässer.

Der Autor Klaus Breiler als verantwortlicher Pilot erinnert sich an den ersten Solidaritätsflug nach Kabul mit seinem Mitautor Otto von Berg. Im Rundfunk und Fernsehen wurde folgende ADN-Meldung gesendet: „Eine Sondermaschine der Interflug mit einer aus Medikamenten, medizinischen Geräten, Blutplasma und Nahrungsmittelkonzentraten bestehende Solidaritätssendung aus der DDR an Bord traf am 16. November 1980 in Kabul ein. Infolge heftigen Schneetreibens hatte die Maschine erst nach vielstündiger Verspätung landen können.“ Der Flug mit Start am 15. Januar 1980 um 03.22 Uhr in Schönefeld mit Zwischenlandungen in Moskau und Taschkent endete am 17. Januar 1980 um 12.43 Uhr nach 18:29 Stunden Flugzeit und 11.620 Flugkilometern mit einer im Normalfall unzulässigen Arbeitszeitüberschreitung. Der Flug nach Kabul mit 1.762 Metern über NN am bis zu 7.885 Meter hohen Hindukusch-Gebirge war die Ouvertüre für weitere Solidaritätsflüge, die unter kriegsähnlichen Bedingungen (Talibankämpfer schossen mit amerikanischen Stringer-Raketen auf anfliegende Flugzeuge) durchgeführt wurden.

Flugkapitän a.D. Günter Krönert.

Flugkapitän a.D. Günter Krönert, geboren im Oktober 1931 in Tharandt bei Dresden, erlernte den Beruf des Buchdruckers. Von 1953 bis 1955 besuchte er die Offiziersschule der KVP-Luft und absolvierte ab 1957 eine Ausbildung zum Hubschrauberführer und Fluglehrer auf dem Typ Mi-4. Nach erfolgreichen funktechnischen Versuchsflügen in Brück wurde er mit zwei Besatzungen der NVA und den Hubschraubern mit Kennung 555 und 564 am 18. Juni 1959 von der Deutschen Lufthansa Abteilung Wirtschaftsflug übernommen. Beide Besatzungen begannen mit geophysikalischen Messflügen, Film-, Luftbild-, Werbe- und Rettungsflügen. Flüge für Fernsehübertragungen und Kranflugversuche folgten. Mit der eigens entwickelten Einpunktaufhängung begannen komplizierte Kranflugeinsätze u.a. im Kraftwerk Dresden-Mitte. 1964/65 absolvierte er ein Zusatzstudium zum Ingenieur für Flugzeugführung und 1967 eine Umschulung auf den Turbinenhubschrauber Mi-8 an der Fliegerschule der Aeroflot in Krementschug einschließlich Fluglehrerausbildung. Im Bereich Spezialflug war er als Oberinstrukteur Chefpilot. Er gilt als einer der Väter des Kranfluges der DDR, die im In- und Ausland eine besondere Rolle beim wirtschaftlichen Aufbau spielten. 1969/70 wurden in Vorbereitung der Olympischen Winterspiele Kranflugarbeiten in der Hohen Tatra unter extremen geografischen und klimatischen Bedingungen (z.B. Windscherungen) durchgeführt. Nach seiner Typenschulung 1970 auf dem Mehrzweckhubschrauber Ka-26 bildete er Hubschrauberführer für den Agrarflug und die Polizei aus. Für die Entwicklung von Technologien und Innovationen von Hubschrauberdiensten für die Volkswirtschaft war

Der Autor Günter Krönert und seine Crew beim ersten Reportage- und Übertragungsflug für den Fernsehfunk der DDR. Nach Einbau einer Fernsehaufnahme- und Sendeanlage in den Hubschrauber Mi-4 DM-SPA der DDR-Lufthansa im Mai 1960 erfolgten Absprachen mit dem Fernsehteam zum Empfang der Fahrer auf der XIII. Friedensfahrt Prag–Warschau–Berlin auf der ersten Übertragungsstecke von Ottendorf-Okrilla bis ins Heinz-Styer-Stadion in Dresden. Als Kommandant der Crew (links) hatte er diesen Hubschrauberlandeplatz am Ortsrand ausgesucht. Von links: Kameraingenieur Heiner Liebig, unbekannt, unbekannt, Günter Krönert, Kameramann Eberhard Kunst, Co-Pilot Wehner, Stationsmechaniker Vitense, Bordmechaniker Rohn, Reporter Hans Taege. An der Verbesserung der Bildqualität wurde intensiv weitergearbeitet, aber der Anfang zu einer aktuellen Berichterstattung war gemacht.

er einer der Initiatoren. Die Elektrifizierung der Reichsbahnstrecken bei laufendem Zugverkehr war nur mit solchem fliegerischen Können möglich, wie Günter Krönert es besitzt. Am 31. März 1991 wurde er in Zusammenhang mit der Liquidation der Interflug arbeitslos. Er ist Autor der Bücher „Leben im Tiefflug" und „Hubschrauber im Einsatz".

„Manne" Kretzschmar als Bordingenieur des BSF im März 1992 bei seinem letzten Flugeinsatz für die Elektrifizierung der Bahnstrecke Michendorf–Berlin. Es war zugleich der letzte Flugauftrag dieser Mi-8T, die danach zur Luftfahrtausstellung am Flugplatz Eberswalde-Finow überführt wurde.

Bordingenieur Manfred Kretzschmar, geboren 1941, erlernte den Beruf eines Elektromonteurs. 1960 absolvierte er eine Umschulung zum Flugzeugelektrogeräte-Mechaniker bei der Deutschen Lufthansa der DDR und erwarb die Arbeitslizenzen für die Flugzeugtypen IL-14 und -18. Mitte der 1960er-Jahre begann er eine Ausbildung zum Hubschraubermechaniker der Typen SM-1/Mi-1, Mi-4, Ka-26 und des Turbinenhubschraubers Mi-8. Entsprechend seinen Fähig- und Fertigkeiten wurde er Angehöriger des fliegenden Personals und war viele Jahre ein zuverlässiger Bordingenieur und mit der Erfüllung vielfältiger Aufgaben mit dem Hubschrauber Mi-8 betraut. An der Entwicklung von Technologien und Innovationen von Hubschrauberdiensten für die Volkswirtschaft war er ebenfalls beteiligt, so auch am Bau eines 11.000-Tonnen-Wellenbrechers parallel zur Küste des Ostseebades Wustrow mithilfe des Hubschraubers Mi-8 im Jahr 1984.

Der Autor, Zeitzeuge, Hobbyhistoriker und Luftfahrtsammler „Manne" Kretzschmar unterstützte die Erstellung dieses Buches in besonderer Weise, denn er vervollständigte es mit historischen Fotografien.

Nach der Liquidation des Betriebes Fernerkundung, Industrie- und Forschungsflug der Interflug (FIF) und des Berliner Spezialfluges (BSF) wurde Manfred Kretschmar bis zum Renteneintritt im Jahr 2003 Verantwortlicher für Technik und Kundenbetreuung des General Aviation Terminal (GAT) auf dem Flughafen Schönefeld.

Die Interflug GmbH und die Autoren dieses Buches fühlten sich in besonderer Weise dem Schaffen von Otto Lilienthal und Hugo Junkers verpflichtet.

Danksagung

Wir danken Erich Haak. Als Mitarbeiter des Ministeriums für Bauwesen war er uns ein sachkundiger Helfer bei der Aufarbeitung der Geschichte der ersten Aufbaustufe des Flughafens Berlin-Schönefeld. Wir bedanken uns ebenfalls für die Zeitzeugenberichte von Helmut Fleischer, Ingo Sedding, Siegfried Straub, Gerd Radig und Tim Herden. Zudem möchten wir uns bei Christian Breiler von der Technischen Hochschule Wildau für die digitale Erstbearbeitung des Manuskripts und der Bilder für unser Buch bedanken. Wir danken des Weiteren den Mitarbeitern des Bundesarchivs Berlin-Lichterfelde für die Zusammenarbeit im Sinne des Bundesarchiv- und Informationsfreiheitsgesetzes. Die Autoren danken zudem Antje Beyer und Susann Knot vom Sutton Verlag für die konstruktive Zusammenarbeit.

Anlässlich des 60. Gründungstages der Fluggesellschaft Interflug grüßen wir alle ehemaligen Mitarbeiter der DDR-Luftfahrt, die diese Zeit miterlebt und mitgestaltet haben.

Bildnachweis

S. 11: picture alliance/dpa-Bildarchiv
S. 12: NAZIS AT AN AIRFIELD/picture alliance/Mary Evans Picture Library
S. 106 oben: Interflug/Lufthansa
S. 106 unten: Roland Fischer/Lufthansa
S. 107 oben und unten: Jürg Andermatt/Lufthansa
S. 138/139: Shutterstock/Mario Hagen
Alle anderen Bilder wurden von den genannten Zeitzeugen und der Lufthansa zur Verfügung gestellt.

Buchhinweise

Flugzeuge aus Bremen
Luftfahrtgeschichte der Hansestadt

Ulf Kaack, Peter Kurze

978-3-95400-472-0
19,99 €

Junkers in Sachsen-Anhalt
Luftfahrtgeschichte in alten Fotografien

Klaus Breiler

978-3-95400-742-4
19,99 €

Der Flughafen Hannover
Eine Zeitreise in Bildern

Torsten Bachmann

978-3-95400-861-2
30,00 €

Mit dem Flugzeug zur Leipziger Messe
Die Geschichte der Messeflüge

Hans-Dieter Tack, Bernd-Rüdiger Ahlbrecht, Ulrich Unger

978-3-95400-904-6
29,99 €

suttonverlag.de

NORDAMERIKA
SÜDAMERIKA
Grönland
Island
Neufundland
Britische Inseln
London
Paris
Hudson-bucht
Labrador
Baffin-insel
Rocky Mountains
Felsengebirge
Appalachen
Chicago
Montréal
New York
Washington
New Orleans
Havana
Kuba
Jamaika
Haiti
Große Antillen
Kleine Antillen
Bahamas
Bermudas
Nordamerikan. Becken
Sargassosee
Nordatlantische Schwelle
Azoren
Kanarische In.
Kapverden
Kapverden-becken
Casablanca
Dakar
Accra
Golf v. Guinea
Golf v. Mexiko
Yucatán
Mexico
Karibisches Meer
Panamakanal
Caracas
Bogotá
Bergland von Guayana
Chimborazo
Galápagos-In.
Amazonas
Rio Negro
Bergland von Brasilien
Lima
La Paz
Ancohuma
Asunción
Rio de Janeiro
Aconcagua
Santiago
Buenos Aires
La Plata
Juan-Fernández-In.
Peru-Chile-Becken
Atacamagraben
Brasilian. Becken
Ascension
St. Helena
Tristan da Cunha
Río-Grande-Rücken
Südatlantische Schwelle
ATLANTISCHER OZEAN
Nördl. Polarkreis
Nördl. Wendekreis
Äquator
Südl. Wendekreis